北京语言大学国情教育系列丛书

新时代的全球格局与人类命运

大使看世界

贾烈英◎主编

GLOBAL PATTERN AND COMMON DESTINY OF HUMANITY IN THE NEW ERA

— The World in the Eyes of Ambassadors —

时事出版社
北京

本成果受北京语言大学校级重大对策研究专项项目资助（中央高校基本科研业务费专项资金）（项目批准号：17ZDD01），同时得到北京语言大学教务处教学专项基金的资助

序言

Preface

《新时代的全球格局与人类命运——大使看世界》收录了2016—2017年北京语言大学与中国联合国协会共同举办的“大使看世界”高端系列讲座的内容。

北京语言大学是中国唯一一所以对来华留学生进行汉语、中华文化教育为主要任务的国际型大学，素有“小联合国”之称。学校高度重视中国学与国际问题研究，早在1993年就率先成立了国内第一家联合国研究中心，近年来又相继建立了国际关系学院、国别和区域研究院及其下设的阿拉伯研究中心等17个国别和区域研究中心。

为开阔全校师生的视野，更好地从中国看

世界和从世界看中国，2016年10月开始，北京语言大学与战略伙伴中国联合国协会共同主办“大使看世界”系列讲座，迄今已举办11讲。主讲嘉宾包括前中国大使、前中国外交官、国际公务员及知名学者，讲座内容涵盖中国外交、公共外交、国际组织等领域。嘉宾们以其精湛的学识和壮阔的人生历练，为北语师生们献上了一次次学术盛宴，这种生动的国情和世情教育，让师生们在每次的认真聆听、深度对话中净化了心灵，陶冶了情操，更丰富了“小联合国”的校园文化。

过去的2017年是中国极不平凡的一年，更是北京语言大学历史发展中具有特殊意义的一年。2017年10月，党的十九大胜利召开，奏响了中国特色社会主义进入新时代的华彩乐章，习近平新时代中国特色社会主义思想成为全国人民迈向新征程的指导思想，也成为北语人不忘初心、砥砺前行、推进学校各项事业创新发展的强大精神动力。

2018年，我们将深入贯彻落实党的十九大精神，以习近平新时代中国特色社会主义思想为指导，进一步提升“大使看世界”高端系列讲座水平，推进中外学生深层次融合，繁荣北语哲学社会科学研究，努力为培养更多知华友华人士，构建人类命运共同体而奋斗。

倪海东

北京语言大学党委书记

2018年1月24日

目录

/

contents

第一讲

崛起中大国的国际战略

— 华黎明 —

大家好，我叫华黎明，是1958年中国第一批学习波斯语的学生。我是第一个给中国领导人当波斯语翻译的，曾经给周恩来、刘少奇、邓小平当过翻译。从1991年开始，我先后在伊朗、阿联酋当大使，在荷兰担任大使期间还兼中国常驻禁止化学武器组织（Organization for the Prohibition of Chemical Weapons，简称OPCW）的团长。今天讲这个题目的原因是我在跟高校的同学和社会上很多年轻人接触的时候，遇到了一个问题，那就是他们都会抱怨中国的外交太软弱了。但同是这个问题，我遇到的很多外国人尤其是西方人，他们普遍反映中国这些年特别强硬。我们在南海填海造陆、建造航母、设立防空识别区，中国是不是显得太强硬了？可见，大家的看法是不一样的。这里所说的外国人不是指所有的外国人，在座的一些外国同学可能不是这样看的。但是我认识的这些人包括一些精英，普遍反映中国的外交太强硬了，害怕同中国开战。可是我们自己的同胞尤其是年轻人，认为中国的外交太软弱了，就一直表示遗憾、抗议，认为直接把钓鱼岛收回来得了，为什么总是抗议。所以，我想就这个题目和大家聊一聊：中国在崛起，崛起的中国到底是什么样？外交应该怎么做？我们应该用一个什么样的战术？

这个问题我想从中国的崛起说起，中国崛起的速度和能量带来的震动是很大的。为什么我们和外界的反映不一样？因为速度太快了。我们崛起以后展示的能量很大，我给大家展示一些数字，这些数字说明我们崛起的速度、能量是无穷的。我的统计数据截止到2014年。2014年中国的经济总量达到十万亿美元，居世界第二；贸易总额是43350亿，居世界第一；中国是世界上第一大贸易国，而且还是最大的外汇储备国，外汇储备余额达到38000多亿，现在这些数据可能有些变化；财政收入达到14万亿人民币；城乡区域人均收入比1978年增加了40倍到50倍，这是我们这代人都能感受到的。在座的各位也许感受不到，因为你们出生的时候就有手机了，就有平板电脑了，但是对于我们这代人来说，这些给我们生活带来的变化是深有体会的。

下面再给大家做个比较，让你们感觉到这个速度有多快。1952年也就是中华人民共和国成立的第三年，那时候中国的经济总量一共只有300亿美元。当时中国的工业水平低于1800年的英国和1890年的法国，人均国内生产总值只达到英国18世纪中期的水平，我们与英国差200年，也就是说建国初期我们的工业水平落后于英国、法国这些国家200年。到了1972年，中国的经济总量是1000亿美元，实施改革开放后到了1982年是2021亿美元，2000年达到1万亿美元，也就是说从改革开放到2000年我们的经济总量翻了4倍。到了2004年中国的经济总量就超过了意大利，成为世界上第六大经济体。这个速度也许我们在中国感觉不出来，但是世界能感觉出来。下面更大的历史性变化是在2005年，中国的经济总量达到2.2257万亿美元，超过了英国和法国，成为世界上第四大经济体。2008年世界发生金融危机的时候，中国的经济总量超过德国，成为世界上第三大经济体。2009年中国的经济总量是4.9万亿美元，到2010年中国的发展进入了一个历史性阶段，经济总量达到5.88万亿美元，超过了日本，成为世界上第二大经济体，直到2014年我们达到10万亿美元。

我想给大家再看一个图表，这个图表能够说明我们的变化有多快。1980年即改革开放的第一年，那个时候我们的经济总量是2000亿美元，到了2014年就是10万亿美元，增加了34倍。短短35年时间里，中国经济总量增加了 34 倍；中国进出口贸易总额增加了 114 倍；中国的外汇储备余额 1980 年的时候是负 12 亿美元，但是现在中国的外汇储备余额为 3.8 万亿美元。国外对于这个变化要比我们自己感受得强烈，我们在国内也许认为这一切很正常，认为就应该是这样的，但是对于外部的世界，这个震动太大了。

经过全民大炼钢铁，1960 年中国粗钢产量才达到 1800 万吨左右，而 2016 年粗钢产量为 6 亿吨，因为产能过剩，我们现在又要减产。这说明了一个变化，尤其是我们这个年纪的人很有体会。这个变化就是中国从一个处于国际体系边缘的贫穷落后的国家，发展成走向世界的崛起的大国。我们中华民族在历史上先是挨打，然后又经过挨饿，现在中国富起来了又有人说中国挨骂。但是挨打、挨饿这两个是真的，这两个历史时期我都亲身经历了。1939 年我出生在被日本人占领的上海，当过亡国奴，知道挨打是什么滋味。然后到了 1949 年中华人民共和国成立，在毛主席的领导下中华民族恢复了自己的独立和尊严，但是我们还很贫穷，挨饿我是亲身经历过的，上大学的时候吃不饱饭。但是现在又到了一个新的时期，中国从国际体系的边缘走到了世界舞台中心，无论是亚太经合组织领导人非正式会议、二十国集团领导人峰会还是其他国际会议，中国的领导人都是站在舞台的中央，大家的目光都聚光在中国。

那么中国为什么会发展得这么快？我想这里面有一个历史背景，当然最重要的是改革开放政策把中国人、中华民族的勤劳、智慧、潜力都激发了出来，但其中还有一个历史背景。20 世纪 80 年代掀起了全球化的新浪潮，所谓全球化指的是商业、劳动力、资金在全球范围内广泛地流动，80 年代的时候，以美国为首的西方发达国家已经完成工业革命，完成工业化，进入信息化时代，第二产业基本上过剩、资金过剩、产能过剩，那就得转移到世界其他地方。正好这个时候中国实行改革开放，中国是一个 13 亿人口的大市场，所以西方大量的资本、技术到中国来，中国应该说是这轮全球化最大的受益者之一。我们改革开放以来，吸收西方的资本技术使得我们在短短的时间内成为世界上最大的制造国，中国作为全球规模最大的加工基地，为世界提供大量的廉价商品，全世界的生活用品大部分都来自中国。在这一过程中，美国和西方推动了中国的发展和崛起，美国和西方的资本和技术成为中国崛起的一个推动力。1978 年中国获得了大量投资，成为仅次于美国的世界第二大投资中心，美国企业的前十名都在中国有投资，美国的资金与技术对于中国的改革开放是十分有利的，这个就是当初中国崛起的历史背景。

中国的崛起也遇到了全球化这个背景。我在西方国家担任大使的时候，就跟西方人讲过这样一段话：占世界人口 1/5 的中国，从贫困到富裕，再到实现现代化，不仅是造福于中国本民族的千秋伟业，更是献给人类社会的一份厚礼。我觉得我们中国人这么看，世界也应该这么看。人口占世界 1/5 的中国如果处于战乱和贫困的状态，那么每年从中国流到世界去的难民要比现在的多十几倍、几十倍。中国如果处于这种状态，很多经济问题就没有办法解决。2008 年的美国金融危机引发了世界性的金融危机，如果没有中国的力量，这个坎儿是过不去的。所以世界 1/5 的人口解决了贫困问题，这本身对世界而言就是一件好事。

我记得，20 世纪 80 年代邓小平和卡特聊天时，卡特抱怨中国没有移民的自由，中国老百姓不能随便到国外去。邓小平说：可以啊，给你两亿你要不要？这个故事是说处于贫困状态下，中国不可能崛起。现在世界应该为之感到庆幸和自豪，但是西方世界看到成长起来的中国时，心情是很复杂的。一方面，中国的崛起让以美国为首的西方国家得到好处；另一方面，中国的崛起也是他们没有预料到的。1979 年中美建交的时候，以美国为首的西方国家对中国有种乌托邦式的期待，他们认为中国改革开放会使得中国逐步走向资本主义道路，然后中国的未来就纳入到美国和西方的规划。所以，1979 年到 1989 年这十年时间，美国的学者称之为中美关系的“蜜月期”，这段时期大的国际背景是美国的头号敌人是苏联，中国当时也把苏联看成自己最重要的敌人，所以中美两国在反苏这个问题上是有共同目标的。另外，美国确实对中国有乌托邦式的期待，美国从来没有想过中国最后会强大到跟它平起平坐，总觉得自己是高高在上，从来都是俯视中国的。所以，在那个时期中美关系是非常好的，例如那个时期中美之间的军事合作就相当多。

但是1989年中国发生政治风波后，美国失望了，觉得中国人最后还是要坚持自己的道路。所以，整个20世纪90年代是中国外交最困难的时期，以美国为首的西方国家对中国非常失望，他们原来期待中国纳入他们体系的愿望是不可能实现了。1991年苏联解体，这样美国和西方国家觉得，世界上历史最悠久的社会主义国家都瓦解了，之后所有的社会主义国家都会像苏联这样。在之后的十年里，中国被美国制裁，美国和所有的西欧国家不允许中国参加国际活动，贸易方面对中国设置了很多贸易壁垒，尤其是欧盟对中国禁止出口武器，这一条到现在还有效。这个十年我们很困难，我们外交上做了很多的工作，中国前副总理兼外长钱其琛的《外交十记》就记录了这十年的困难时期。但让西方人万万没想到的是，中国不仅没有垮，社会主义也没有垮，在1992年邓小平发展“南方讲话”后中国的经济又上了一个台阶，以更高的速度发展。所以，到了1993年日本最先取消了对中国的制裁，首先打开了同中国的贸易之路。当然日本也是出于自己的目的，当时日本经济很困难，而中国就在日本的旁边并且拥有这么大的市场，所以日本觉得不能盲目地跟着美国走。接着到了1995年、1996年，因承受不住中国的巨大市场对他们的吸引力，欧洲国家也都打开了贸易大门。

我自己在荷兰时也是深有体会的。我担任最后一任大使是在荷兰，荷兰在人权问题上和中国矛盾很大，但是在商业上又很想与中国做生意，其跨国公司像“飞利浦”都跟中国做生意。荷兰在1996年日内瓦的人权会议上，跟中国的代表当面激烈地争吵。从1989年开始，在这个人权会议上，以美国为首的西方国家每年都要提出中国的人权问题，但是到了1994年、1995年，英、法、德三个主要的欧洲国家不参加了，其他几个欧洲国家比如意大利也逐渐不参加了。这个过程都是我亲身经历的，这个就是中国同西方国家发展关系的过程。到了20世纪90年代末，西方国家看到中国的经济不仅没有垮，而且迅速发展。到了

2010 年，中国超过日本成为世界第二大经济体，这更是西方国家始料未及的。

对于这样一个国家崛起带来的前景，西方国家很焦虑，主要包括以下几个方面：

第一方面，以美国为首的西方国家担心中国的崛起会打破现有国际秩序。从英国第一次工业革命以来，西方始终是这个世界的主宰，也是当今世界大部分游戏规则的制定者。世界是以西方为中心的，至今还是这样。500 年来，国际经济秩序是由西方发达国家制定的，他们通过制定货币、金融游戏规则垄断了全球商品交易程序，再通过高科技产业的先发优势，形成了全球的生产和贸易分工的等级体系，最终让全球经济增长的绝大部分都流向了西方国家。500 年以来的世界就是这样的，游戏规则是他们制定的，金融是他们控制的，高端技术是他们拥有的，整个生产链也是他们掌握的最高，而我们得到的是最小的这部分。整个世界就是这样，国际规则从联合国开始到比如海洋法、不扩散条约、世界贸易组织等游戏规则都是由他们制定的。那么问题来了，中国的崛起表明了未来世界的一种趋向，即占世界人口大部分的非西方国家将分享更多的资源，西方国家垄断人类全球的时代终将结束。美国和西方国家看到这种趋势会有一种担忧，在未来，全球的资源未必会流入西方的口袋了。现在看来，游戏规则已经不一定都由美国和西方制定了。2015 年 10 月 1 日，中国首次向国际货币基金组织公布了官方外储数据，中国在逐渐改变这个游戏规则，掌握话语权。所以，2015 年奥巴马和希拉里曾经说过两句非常经典的话，奥巴马在西点军校的讲话中提到：美国还要领导这个世界一百年。说这句话的原因是中国的崛起。另一句话是希拉里讲的：我不愿意我的子孙后代生活在中国制定的游戏规则之下。这个世界必须要有游戏规则，中国的崛起客观上对原有游戏规则造成了影响，这是美国和西方非常重视的一个方面。

第二方面，世界上唯一的社会主义大国崛起，不可避免地会给美国和西方带来政治制度方面的挑战。西方人是把共产主义看做一个幽灵的，1848 年马克思、恩格斯发表的共产党宣言的第一句话就是：一个幽灵在欧洲上空游荡。这个幽灵就是共产主义，从那以后尤其是 1917 年十月革命胜利之后，苏联建立了第一个社会主义国家，这个世界上就出现了两种社会制度：社会主义和资本主义。1991 年苏联解体后，社会主义制度被普遍认为是一种将要终结的社会制度。美国学者弗兰西斯·福山写了一本书叫做《历史的终结》，书中说随着苏联的解体，社会主义就到此为止了。但是中国的发展跟得出的结论完全相反，社会主义不仅没有垮，而且发展十分迅速，用中国特有的方式发展了社会主义。尤其是 2008 年美国金融危机爆发后，很多西方人看到了西方资本主义的弊端，再加上 2016 年美国大选，大家看到了美国政治制度的所有弊端。看到了这么多丑恶，很多西方人开始怀疑，西方资本主义制度真的有这么好吗？中国的社会主义有像西方讲的那样邪恶吗？2008 年我们举办了奥运会，但是让西方触动更大的是汶川大地震。汶川地震后 72 小时之内，中国的总理就赶到了现场，60 万不带武器的军队就赶到了现场，让世界看到了中国共产党强大的组织领导能力，深深地感受到社会主义制度的优越性。中国的崛起对全世界提出了疑问，资本主义制度将来一定会胜利吗？社会主义制度就不能在这个世界上存在吗？坚持美国价值观和意识形态的人对这个问题产生了焦虑，他们所期待的资本主义的优越性不仅没有展现出来，反而社会主义在中国焕发出极强的生命力。如果大家都来效仿中国这种模式，世界会变成什么样呢？

第三个方面是中美之间的问题。中国作为一个大国实际上是很悲壮的，我为什么用“悲壮”这个词呢？因为这么大一个国家竟然没有统一，联合国 190 多个成员国里唯一没有统一的国家竟然是我们中国。美国人很担心随着中国国力的增强，中国将来会不会用武力的手段实现国家统一？台海会不会发生战争？美国会不会因此付出代价？所以美国认为，中国作为世界上没有解决自己主权和领土完全统一的迅速崛起的大国，伴随着日益高涨的爱国主义和民族主义情绪与大幅度提升的军事实力，利用非和平手段解决领土争端、民族冲突和祖国统一的可能性增大，从而有可能使美国主动地或者被动地卷入中美军事冲突的风险当中，由此给美国带来安全上的紧张，这就是美国焦虑的第三层面。

中美关系相互依赖的程度高，相互威胁的程度也高。美国很担心中国的崛起会改变世界的利益格局，改变世界的游戏规则。另外，对于台湾问题，美国很担心中国会不会使用武力解决，尤其担心中国会不会把美国赶出西太平洋。中国对于美国同样有担心，美国始终是想改变我们社会主义制度的，至今也没有放弃这种想法，它不能认同中国这种社会制度，这些是中美之间很难解决的问题。所以，中国崛起导致全球地缘政治、经济、外交发生变化，世界是否接受中国的和平崛起还存在一种不确定性。

中国发展得如此迅速，给世界带来很大的震撼，但是全世界不会用同一个目光看待中国崛起。不同地区、不同组织、不同国家对中国的看法是不一样的；到过中国、没到过中国的看法也是不一样的。我在欧洲工作了3年，有个总体的感觉，就拿我在荷兰待着的这几年来说，上至荷兰的王室、部长，下到普通工人，我跟他们都成为很好的朋友，但是跟他们谈到中国的社会制度时，却深深地感到荷兰人不认同中国共产党的领导。我记得举行国庆招待会之后，有个荷兰的记者问我：苏联已经垮台了，你们中国什么时候垮台？他们对中国古老的文化很敬佩，谈到中国近年来的高速发展也很佩服，但是一谈到中国的社会制度、中国的价值观念时，我们往往谈不拢。在荷兰，大家分歧最大的问题是“西藏问题”，荷兰人对西藏、达赖喇嘛痴迷的程度很高。在荷兰工作的时候，我到跨国公司去，这些老板对我都非常客气，可是到荷兰外交部去十次有八次不愉快，就是因为西藏、台湾、人权等问题。交涉多了以后，见到他们外长，我也跟他们开玩笑地说很抱歉，今天我们还要谈这些不愉快的事情。这些问题都是需要解决的问题，尤其是对于“西藏问题”。很多荷兰人没有到过西藏，甚至都不知道西藏是什么地方，可是他们对达赖喇嘛追捧的程度让我吃惊，达赖喇嘛到荷兰去讲经，好几千荷兰人听得如痴如醉，欧洲人经过了文艺复兴、工业革命的洗礼，竟然还处于这样落后的形态。我对他们讲，从 13 世纪开始西藏就是中国的版图，但是他们不信。所以，我觉得诸如此类问题表明了西方世界和我们在意识形态、价值观念上是不同的。

今天，中美、中欧之间经济上相互依赖的程度越来越深，但是意识形态、价值观念这个结很难解开。这是个结构性的矛盾，我认为很难解决，除非有一天我们彻底地把社会主义的优越性展现在全世界面前。在世界其他地区，如东南亚一些国家，他们从中国的经济发展中确实得到了利益，但是由于历史的原因，这些东南亚国家对于中国的崛起还是感到非常害怕不安。

再拿非洲来说，我们觉得中国在非洲援助力度那么大，帮助它们建设铁路、学校、医院等公共设施，所以非洲国家对我们应该持一种非常欢迎的态度吧，但是实际情况也不尽然。我有很多同事在非洲长驻，尽管中国在非洲有几十年的影响，但我的同事告诉我在相当多的非洲国家，他们看到中国人的第一个问题是："你是日本人吗?""不是。""那是韩国人吗?""不是。"当你说你是中国人的时候，他们会问是哪一个中国。在很多非洲人眼里，中国的东西质量不是很好。我一位同事告诉我，有一位非洲朋友跟他要一部手机，他有两部手机，一部是华为，一部是诺基亚，华为手机是智能手机，诺基亚手机只能发短信、打电话，然而这位非洲朋友宁可要诺基亚手机也不要华为手机，他说你们的中国货是山寨的。这就是我们在一些国家的印象，我讲这些例子是为了告诉同学们，我们崛起了，我们发展了，我们以为中国在世界上影响力已经很大了，但实际上外部世界对我们还有相当负面的看法。今天你打开美国、欧洲、日本的报纸，会看到其中报道了大量关于中国的负面新闻，我们同学今后都是要走出去的，所以对外部世界的看法应该有思想准备。

我讲的第三部分内容是崛起中的中国走出国强必霸的几个历史思路。历史上崛起的大国无一例外地走向了国强争霸的道路，从罗马帝国开始，一直到冷战期间美苏争霸，从争霸到衰败，这条路成了历史之路。中国现在正在崛起，中国能不能走出这个束缚？德国 18 世纪的思想家、社会学家韦伯当初对日耳曼民族的崛起有过这样的评论：一个长期落后的民族在经济上突然崛起，必然引来一个致命的危险，即它将加速暴露一个落后的民族在政治上的不成熟，这种经济快速发展与政治不成熟之间的强烈反差，不但最终会使民族振兴的愿望付诸东流，甚至会造成灾难性的结局即民族本身的解体。后来德国的历史不幸被言中了，他在说这个话的时候，德国在欧洲还是一个远远落后于英法的国家，但是日后日耳曼民族崛起，崛起以后就发生了两次世界大战，对世界造成了深重的灾难。但幸运的是，在第二次世界大战结束以后，日耳曼民族觉醒了，深深地认识到发动两次世界大战给本民族、世界带来的灾难。所以，日耳曼民族对历史彻底地反省，才有了 1974 年德国总理勃兰特在波兰犹太人墓前的下跪，才有了德国与法国这两个欧洲宿敌之间的和解，才有了今天的欧盟。欧盟没有德法两个国家的和解是不可能建立的。

但是，同德国有类似经历的日本却没有很好地反思历史。日本在明治维新后也逐步崛起，崛起之后也走向了战争这条道路。但是很可惜，日本至今不愿意直面这场战争，不能像日耳曼民族一样反省自己。我们正在崛起的中华民族，应该把日本和德国这两个民族的历史教训作为镜子，中国正在崛起，我们能不能避免这种折腾，能不能避免国强必霸？我们应该坦诚改革开放、经济实力的增长还没有彻底消除许多中国人心中的屈辱，心态还落后于西方国家，在近 200 年的历史中，中国始终是一个被伤害的国家，屈辱、恐惧曾经笼罩我们，到现在这种屈辱在我们心中还是存在的。1997 年，我在阿联酋担任大使期间，亚洲杯的足球赛在阿联酋举行，其中有一场比赛是中国对日本，我和日本大使都坐在主席台上，主席台的对面就是几百个来自中国的球迷，他们举着五星红旗，打着“中国队加油”的横幅，比赛一开始就高喊“中国队加油”，但是喊到后来就变成“打倒日本帝国主义”，而且这场球最后还踢输了。比赛结束后我很感慨，本来完全是一场年轻人之间的体育比赛，但是在我们中国同胞的心目中却变得如此沉重，把历史问题都加了进去。2004 年亚洲杯的决赛在中国举行，决赛又是中国对日本，我坐在电视机前观看这场比赛，按照国际规定这时候是双方球员入场，奏客队国歌再奏主队国歌，播放日本队国歌的时候，全场几万名中国观众没有一位起立的。最后这场球我们中国又踢输了，愤怒的中国球迷把日本驻华使馆汽车的玻璃给砸碎了，矿泉水瓶雪花般扔过去。2005 年中国许多城市举行了反日本游行，有些人就冲到日本驻上海的总领馆把附近日制的汽车全部砸毁。最悲哀的是，日本记者记录了这些现场并在日本电视节目上反复播出，意在告诉日本民众，中国青年无异于暴徒。这种悲情、屈辱和恐惧感在我们心灵中还是存在的。由此看来，中国能不能摆脱民族主义的悲情是中国能否成为一个正常大国的重要标志，一个只有摆脱了民族主义悲情的大国才能在国际舞台上有理性的行为。按照“两个一百年”的奋斗目标，到 2020 年我们要全面建成小康社会，到 2050 年我们要建成富强、民主、文明、和谐、美丽的社会主义现代化强国。成为世界强国后，中国要做什么呢？振兴和崛起的目的是什么？我们现在有一些同胞认为我们强大起来后要报仇雪恨、洗刷耻辱，把我们失去的领土都要回来。而这就是国强必霸的道路。中国能否走出这种恶性循环的怪圈，不仅影响着中华民族的未来，也势必影响着世界，我认为中华民族不会走向这条道路，因为我们历史上不是这样的。

第四部分，我讲一下中国目前存在的差距。中国是一个发展中的社会主义大国：第一，我们的人均国内生产总值落后于世界平均水平，而且在其他很多方面也远远落后于西方国家，所以是发展中的；第二，我们是中国共产党领导的社会主义国家；第三，中国是个大国。美国学者保罗·肯尼迪写了一本《大国的兴衰》，谈到物质意义上的人口规模、土地面积、经济规模等要素确实重要，但是这些不足以构成一个大国的衡量标准。邓小平在 30 年以前提出中国要赶上西方发达国家的水平，最起码需要几代人、十几代人乃至几十代人。这是邓小平观察世界，特别是到美国、日本访问后得出的结论。按经济总量讲，美国的人均国内生产总值将近 5 万美元，中国人均国内生产总值仅为 9844 美元，可能现在接近 1 万了，这是美国 1912 的水平，按照人均国内生产总值排名，中国居世界第 87 位，是美国的 1/13，美国工人的劳动生产率仍是中国的 14—15 倍。同时，中国的经济增长严重依靠外资拉动，我们 1/5 的国内生产总值来自外资，工业总产值 1/3 来自外资，出口 60% 来自外资，高新技术出口 85% 来自外资。更严重的是，中国的高速发展中包含着严重的环境污染、廉价的劳动力，这是中国突出的问题。

另一方面就是软实力的差距。软实力包括两个方面：一是健全的法律、廉洁的政治、安全的生活环境、科技创造力、经济增长潜能等；二是国民素质如诚实、守信、创新、友善等。这些都是一个大国崛起的基本条件，而我们还相距甚远。马克思在 1858 年所著的《鸦片战争史》中对当时的清朝有这样的描写：一个人口几乎占人类 1/3 的大帝国，不顾时势，安于现状，人为地隔绝于世，并因此竭力以天朝尽善尽美的幻想自欺，这样一个帝国注定最后要在一场殊死的战斗中死去。50 多年之后清政府垮台了，回顾历史，历史的兴败是有周期的，这就是中国的历史教训。所有历史教材都是讲外国侵略者是如何残暴、如何伤害中国同胞的，但是没有一本历史书是讲中国为什么会落后、为什么会被侵略，因为我们自己衰败，自己落后。“国必自伐，而后人伐之”，所以我们应该善于从自身查找问题，中国要真正成为全球大国，国家实力有待进一步增强，国际社会上的竞争说到底就是国力消长的竞争。

最后一部分我讲一下中国外交的选择。中国外交到底应该怎么做？有人说中国外交硬，有人说中国外交不够硬，其实这不是软硬的问题，中国实力有限，无法改变一切，也不能按照自己的意愿在短时间内改变所有它希望改变的事情。第一个问题，中国拥有 960 多万平方公里的土地和将近 14 亿的人口，但在大国里面中国的地缘政治环境是最恶劣的。拿美国来说，美国东西是两大洋，北面加拿大，南面墨西哥，周边没有任何问题；而中国陆地邻国就有 14 个，与中国有领土纠纷的海上国家有 8 个。第二个问题是中国至今没有解决台湾问题。

第三个问题是中国软实力相差太大。中国在外交上没能改变长期以来西方对中国的误解、偏见和歧视，在西方国家，这些误解、偏见、歧视比比皆是。中国虽然以自身的努力和国际合作赢得了国际社会一定的尊重，但离扬眉吐气的平等相待仍有很大距离。这几年，我们向美国提出要建立新型的大国关系，即不对抗、不冲突、相互尊重、合作共赢。美国最不能理解相互尊重，认为中美本来就不平等何谈尊重，美国不愿意尊重中国的社会制度。近些年，我们赢得了国际社会对中国一定程度上的尊重，比如中国到了世界舞台的中心、成功举办了二十国集团领导人峰会，但是离平等对待仍然有很大的距离。另外，如何解决中国能源需求的困境以及短期内解决国内发展不均衡而导致的社会不稳定，也是我们必须面对的现实。所以，正在崛起的中国，将强未强又大，我们的实力确实很强，但权力和实力之间的差距是有风险的，过犹不及，中国的外交只能做自己力所能及的，所以中国外交不存在软硬的问题。我们外交能力能做到的，比如增加我们在南海的部署，为什么不能去做呢？但是我们不能做的，比如说钓鱼岛问题，还有和其他国家的领土纠纷问题，我们能伸着拳头去硬碰吗？不强硬不等于无所作为，韬光养晦不是消极被动。对于正在崛起的国家，外交要确保自己实力增长的过程不被减缓，更要减少已有实力的消耗。

近代以来的近两百年时间里，中华民族曾经有过好几次学习西方的机会，但是最后都被阻挡了。洋务运动失败了，辛亥革命也失败了，几次机会都失去了。1949 年中华人民共和国宣告成立，尤其是改革开放近 40 年来，好不容易有了这样一次发展机会，我们如果不抓住，中华民族不会再有这样的机会。我认为中国外交就是要给我们中国的现代化建设营造很友善的国际环境，让我们中华民族能够再有 50 年、100 年的时间进行国家建设，这才是我们外交要做的最重要的事，而不是握着拳头去跟这个人打，去跟那个人打，制造自己很凶恶的形象。在当前这个情况下，一旦同邻国开战，战争从来没有说开战后就会很快结束，有可能是几个月、半年、一年甚至更久，叙利亚战争开战前谁想到会持续那么久。战争的消耗，加上美国联合西方国家的制裁，诸多因素中国能不能承受？借用孙子的一句话：兵者，国之大事，死生之地，存亡之道，不可不察也。中国的外交需要在世界上有尽可能多的朋友，尽可能营造一个和平的世界，和平的时间有 50 年到 100 年，中国才能真正发展起来。所以正在崛起的中国需要和平，需要给中国一点时间，时间真的很重要。

互动环节

问：中国怎么对待恐怖主义？

答：中国也是恐怖主义的受害者，在中国有很多人因恐怖主义而死亡或是受到伤害，这个数字虽没有具体的统计，但不比西方国家人数少，所以反对恐怖主义的力度，中国不会亚于美国。现在遇到的一个问题就是以美国为首的国际社会，由于掌握了话语权，所以对恐怖主义实行了双重标准：对于“9・11”事件他们认为是恐怖袭击；而对于在中国新疆“疆独分子”制造的恐怖主义事件，他们却认为是争取独立的爱国运动，这是一个很大的问题。对于反恐，中国的立场是反对一切形式的恐怖主义，什么是恐怖主义？恐怖主义就是滥杀无辜，就是把无辜的平民当成目标进行屠杀，来制造社会的恐惧。

问：如何回应西方国家认为中国侵占了台湾、西藏、新疆问题？

答：原来这个世界是没有国界的，直到秦朝的时候，中国才实现了大一统，现代国家的主权和边界概念是 17 世纪才发生的事情。欧洲人经过 30 年战争，签订了《威斯特伐利亚条约》，在国与国之间确定一条边界，边界之内国家就有主权，互不侵犯。如果按这个来算，不用说台湾，新疆早在此之前都已经归入中国的版图了。中国的版图在《威斯特伐利亚条约》签订之前就已经是这样了，这可以说是我们老祖宗留下来的，我们就要去守卫它。

问：对穆斯林国家、阿拉伯国家有什么印象？

答：我在中东国家工作了大概 10 年，其中在伊朗 5 年。中东国家拥有优秀的文化和历史，特别是对中国很友好。中东各国人民也给我留下了非常深刻的印象，勤劳勇敢而且有智慧，有机会我一定要再到中东国家看一看。

问：如何看待埃及和中国的关系？

答：埃及是中东国家里最早和中国建交的，中华人民共和国刚成立的时候，埃及是中东国家里最早承认中国的，当时的总统是纳赛尔，他和中国领导人建立了非常友好的个人关系。在埃及人民捍卫自己领土主权斗争的过程中，中国一直是非常支持的，尤其是在这几年埃及遇到困难的情况下，中国始终坚持不干涉埃及内政，让埃及人民自己选择适合自己的道路。埃及现在的塞西总统非常感谢中国，2016 年 1 月习近平主席访问埃及，今后中埃两国会有相当多的合作。

问：如何采取行动去改变西方国家对中国的误解？

答：从根本上，中国还是要提高自己的硬实力和软实力，让世界相信中国是一个爱好和平的国家，是一个对全世界友善的国家，让它们相信中国是和平崛起。然后，我们一定要用外国人能够听得懂的话介绍中国，而不是把中国这一套国内的话语体系拿到国际上。

问：中国如何摆脱民族主义的悲情？在敏感问题上怎样展示中国形象？

答：如果我们同侵略过我们的国家发生矛盾，我们自然会想起八国联军、鸦片战争、日本南京大屠杀，心中很强烈的观点就是中国曾经被欺负过。我到日本访问时，日本人问我这个问题，我的回答是：记住历史，忘记仇恨。中国不能因为悲情主义就要强大起来后报仇雪恨，我们眼睛要往远看，要思考什么样的中日关系对我们最好、对亚洲最好，而不是天天播抗日电视剧，天天打倒日本帝国主义，大刀向鬼子头上砍去。当然，现在在安倍掌权下改善中日关系有很大难度，其中很大的担忧是日本 80% 的民众对中国有很大的厌恶感，中国 90% 的老百姓对日本有很大的仇恨，两个民族之间这么深的仇恨将来有一个小火星就可能引发一场很大的冲突。这对中国和整个亚洲都不利，一旦发生战争和冲突的话，我们整个现代化建设就要被中断。从漠河到腾冲画一条线，中国改革开放近40年所积累的财富都在东部沿海，只要有一场小小的战争，我们东南沿海所积累的财富全都会付之一炬。我们是要这种前景，还是尽量管控这些矛盾营造一个和平的环境让自己更好地发展起来呢？这是我们应面对的问题。

问：外交官最重要的素质是什么？

答：我在国外当大使的时候，立了六个字的馆训：爱国、敬业、律己。首先要爱国，如果不爱国就不要从事这个职业，不爱国就无法代表这个国家。第二，敬业是指要把外语学好，要精通外交的事情。第三，律己，如果在外交这个舞台上没有律己，那么后果必然和国内的贪官一样。

第二讲

中国特色的大国外交

— 王学贤 —

2016年10月21日下午，北京语言大学“大使看世界”高端系列讲座第二讲在主南200教室举办。中国首任驻南非大使、中国前常驻联合国代表、中国亚欧会议前高官、时任中国联合国协会副会长王学贤为中外师生做了题为“中国特色的大国外交”的精彩讲座。

王学贤大使从战略思维、理论理念框架和战略布局三个角度阐述了“中国特色的大国外交”的内涵。他指出，战略是一个政党、一个国家的根本性问题，战略思维就是观大势、谋大事、定兴衰。十八大以来，新一届党中央领导集体审时度势，对内协调推进“四个全面”战略布局，对外倡导构建“人类命运共同体”，赢得了国内外的高度肯定，展现了负责任的大国形象。王大使表示，中国特色的大国外交还要从理论和理念框架的角度去深入理解，并将其归纳为五大支柱：追求目标是打造人类命运共同体，根本方针/战略选择是坚持和平发展，基本原则是共建共商共享，主要战略是加强全球治理、打造新型国际关系、推进“一带一路”建设、构建全球伙伴网络，价值取向是践行正确义利观。王大使强调，实践中国特色的大国外交必须有明确的战略布局，要努力构建“多边引领、双翼齐飞、全球织网”的布局。近年来，中国成功举办了APEC会议、G20杭州峰会，国际地位和国际影响力进一步提高，世界需要中国声音、中国方案、中国智慧。讲座最后，王大使强调，推行中国特色的大国外交必须要有实力，还要靠人才保障。中国现在缴纳联合国会费的比例不断提高，但在联合国工作的中国人还很少，我们需要培养更多的国际公务员。他勉励在场的同学努力学习专业知识，加强语言能力，今后可以为国家的外交事业服务，为全人类的和平发展贡献自己的力量。

王学贤大使具有丰富的外交经验，他的讲座逻辑清晰，思想深刻，语言风趣，获得了在场听众的阵阵掌声。讲座结束后，王大使和现场中外同学亲切互动，并就中美关系、中日关系、中欧关系、南海问题、朝鲜半岛问题等国际社会热点回答了同学们的提问。

第三讲

如何当国际公务员

— 宋允孚 —

贾院长、各位同学，大家好！

2016 年 9 月，中国召开了一个最重要的国际会议，大家知道是什么会吗？

是二十国集团杭州峰会。9 月 27 日中央政治局举办第 35 次学习会，总结这次会议时用了三个“最”和三个“性”：刚刚结束的二十国集团领导人杭州峰会，是近年来中国主办的级别最高、规模最大、影响最深的国际峰会。我们运用议题和议程设置主动权，打造亮点，突出特色，开出气势，形成声势，引导峰会形成一系列具有开创性、引领性、机制性的成果，在二十国集团发展史上留下了深刻的中国印记。成功举办这次峰会，哪些人发挥的作用最大？中国的公务员，包括外交部、商务部、浙江省政府的公务员。习主席提出，提高参与全球治理的能力，要加强全球治理人才队伍建设，突破人才瓶颈，做好人才储备，为中国参与全球治理提供有力人力支撑。我认为，这应当也包括推送到国际组织的国际公务员。

今天我讲三个问题：第一，为什么讲国际公务员？第二，什么是国际公务员？第三，怎么打进国际组织？在此之前，先讲一个国际公务员的小故事，故事的名字叫“穷孩子变成外交官”。

1964 年 10 月 16 日《人民日报》发布号外，宣布中国成功爆炸第一颗原子弹。中央预计我们的国际地位将大大提升，很快会恢复在联合国的合法席位。为满足新形势下的外交工作需要，决定培养人才，从全国选拔300多名高三毕业生，派到几十个国家学外语。我能成为其中的一员，非常幸运。高三毕业，我梦想当白衣天使或工程师。老师认为我家境贫寒，负担不起协和医大、清华大学的学费，建议我报哈军工（公费）。我领了准考证还没参加高考，就被派到摩洛哥学法语，从此萌生做国际组织外交官的梦想。中央很重视这批同学，周总理接见过我们，领导说我们是急需人才，要求尽快学有所成，如果情况紧急，拿不到毕业证书，也要服从国家需要。

我1964年9月出国，准备学5年，计划1966年回国休假。岂料“文化大革命”打乱了一切，我的梦想随之破灭。1967年回国，周总理宣布“提前毕业、优先分配”。当时，外交部不要人，只有卫生部援外医疗队需要翻译。1968年我被派到几内亚，因为“世界上三分之二的阶级兄弟生活在水深之中”，我们去履行“无产阶级国际主义义务”。两年援外结束，我以为回国可以搞外事工作，但梦想又一次破灭。我回来就被派到江西农村劳动锻炼。当时，大部分国家机关干部，包括部长、局长都下放到“五七干校。1972年干校撤销，我以为能回北京用我的法语了，但梦想再次破灭，我成了“小红帽”。20世纪70年代没有小红帽，在机场都自己拎行李。外宾来访不能让客人拉行李，我就成了搬运工。来访客人讲法语的不多，法文用不上，我只能打杂，预定旅馆、

搬运行李、组织宴请、安排座次。领导会见外宾，我写简报、搞礼宾。上图是1981年一个国际会议的合影，排位子是我们的任务。

右图是屠呦呦获诺奖后在瑞典卡罗林斯卡做报告的情景。屠呦呦在20世纪60年代研究青蒿素，从三无科学家到获奖，经历几十年时间，真是“宝剑锋从磨砺出，梅花香自苦寒来”。其实，年轻时经受磨练、锻炼是好事。我有过梦想，梦想几次破灭，但坚持理想，脚踏实地，梦想终究成真。很长时间，我都是配角，由于能较好地完成任务，被委以重任。20世纪70年代，周总理会见外宾，我几次参与礼宾工作。80年代，邓小平会见外宾，我做过翻译，搞过记录；26年卫生外事生涯，我参与了许多重要国际合作；1994年被推荐出任世卫组织外交官。从1964年算起，实现少年梦历经30年。梦想成真，需要知识、能力、三观。知识需要积累、积淀，能力需要锻炼、历练。比知识更重要的是能力，学校学的是书本知识，必须把书本知识变成实际能力。比能力更重要的是三观（人生观、世界观、价值观），只有按习大大的要求，系好人生第一个纽扣，在遇到困难、阻力的时候才会有定力、有动力。我总结，人的成长有三个字“尖卡斌”。尖卡斌，拆开是：能大能小、能上能下、能文能武。要立志干大事，从小事做起，从现在做起，事事拿得起，又要有专能。

一

为什么讲国际公务员

我用三个不“字”回答。

第一，国际公务员的作用，不可替代。习主席2015年9月出席联合国大会。习主席讲：联合国应对全球性威胁和挑战的作用不可替代，是加强完善全球治理的重要平台。我体会：联合国在维护和平、促进发展、保障人权这三大领域的作用不可替代；联合国十几个专门机构的作用同样不可替代；在联合国工作的国际公务员，作用同样不可替代。联合国大会由秘书处的国际公务员组织筹办。习主席出席大会，国际职员作用不可小觑，包括日程安排、礼宾引导、同声传译。再如，联合国大会主席主持会议，常常需要坐在他身旁的联合国副秘书长提供支持。主席是每年从193个成员国选举产生的，主席不一定熟悉联合国的议程和程序，需要秘书处事前为大会主席做好准备，甚至写好每句主持词。国际职员还要负责为大会起草各种文件，为会员国提供各种服务。简而言之，他们的作用是别人替代不了的。

第二，国际公务员的培养，刻不容缓。中国已成为世界第二大经济体，可是我们在国际组织中的代表性，和我们国家的地位很不相称。我有联合国秘书处的三组数据：

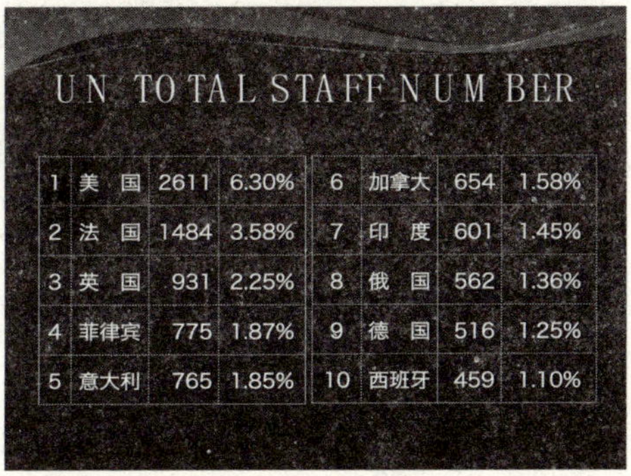
UN TOTAL STAFF NUMBER

1	美 国	2611	6.30%	6	加拿大	654	1.58%
2	法 国	1484	3.58%	7	印 度	601	1.45%
3	英 国	931	2.25%	8	俄 国	562	1.36%
4	菲律宾	775	1.87%	9	德 国	516	1.25%
5	意大利	765	1.85%	10	西班牙	459	1.10%

右图中是联合国国际职员人数最多的前十个国家。美国

排第一，2600 多人，菲律宾和印度都超过 600 人。中国排第几？没找到？前 10 名应该有中国，可是真没有。中国排第 11 位，只有 461 人，其中 250 多人是翻译、打字人员。

按地域原则分配的员额。联合国根据会籍、会费、人口三个因素，给各成员国计算出理想幅度。2015 年，中国的幅度是 161—119 人，实际只有 71 人。2016 年，中国的会费由 5.148% 增长到 7.921%，理想幅度增加到 164—222 人，实际 81 人。虽然绝对数字增加了 10 人，但比例反而不如 2015 年：2015 年 71 人，超过下线的 1/2，2016 年有 81 人，反而不到下限的 1/2。

司长以上的高级官员。中国在 5 个常任理事国中排名第五，只有 11 位，是美国的 1/5。非常任理事国德国和日本都比中国多，分别有 18 人和 13 人。

第三，推送合格国际组织人才，时不我待。现在，你们遇到了最好的历史机遇，2014 年 3 月习近平主席访问联合国教科文组织，这是恢复联合国合法席位 40 多以来，中国元首第一次访问联合国专门机构。十八大以来，多边外交和国际组织工作受到比以往任何时候都更高程度的重视。2012 年以来，4 位中国人当选联合国专门机构一把手职务：世卫组织陈冯富珍、联合国工发组织李勇、国际电信联盟赵厚麟、国际民航组织柳芳。现在，中央非常重视这项工作，出台了一系列政策措施，国家也鼓励支持高校同学到国际组织实习、任职。你们要珍惜，抓住这个机遇，为国争光！

二

什么是国际公务员

国际公务员是 international civil servant 的中文译名，与国家公务员仅一字之差。公务员的工资都来自纳税人，国家公务员为本国人民服务，国际公务员为世界人民服务。他们都是人民公仆，servant 直译就是仆人、服务员。下面介绍三方面的情况。

（一）国际公务员分类

国际公务员也称国际职员，大致分三类，用 GPD 三个字母代表。G 指 General Service，即一般工作人员，如秘书、保安。P 指 professional，即专业官员。D 指 Director，即司长级别官员。级别不同，要求也不同，有两个最大特点：一是要具备国际工作经验，二是要懂外语。联合国有 6 种官方语言，包括阿拉伯文、中文、英文、法文、俄文、西班牙文。联合国正式活动，比如联合国大会和安理会，都使用 6 种官方语言，要提供 6 种语言同声传译和正式文件。中文是官方语言，但不是工作语言（working language）。工作语言是职员日常工作的语言，国际职员必须熟练掌握一门工作语言（一般是英文），同时懂得另一种工作语言（视工作地点而定，可能是法文或其他语言）。懂第三种语言的应聘人员，在同等条件下会被优先录取。上图中显示的是国际职员应聘要求。

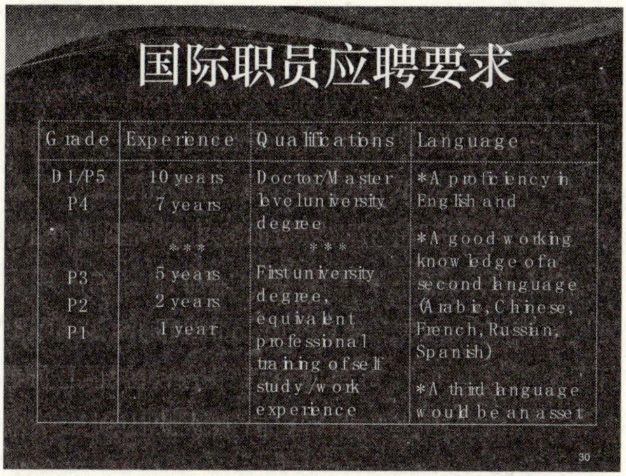

（二）国际公务员待遇

联合国的工资标准比较科学化、人性化。下图中显示的是专业以上职员的工资情况。从 P1 到副秘书长，工资标准都是公开的，第一年是试用期，横向列出 15 年。

Base/floor salary scale for the Professional and higher categories showing annual gross salaries equivalents after application of staff assessment, effective 1 January 2016

(United States dollars)

Level		I	II	III	IV	V	VI	VII	VIII	IX	X	XI	XII	XIII	XIV	XV
USG	Gross	**194 136**														
	Net D	149 395														
	Net S	134 449														
ASG	Gross	**176 463**														
	Net D	137 024														
	Net S	124 080														
D-2	Gross	**144 751**	**147 815**	**150 920**	**154 117**	**157 314**	**160 510**									
	Net D	114 668	116 905	119 144	121 382	123 620	125 857									
	Net S	105 345	107 233	109 114	110 990	112 861	114 721									
D-1	Gross	**132 290**	**134 984**	**137 668**	**140 362**	**143 055**	**145 742**	**148 437**	**151 174**	**153 980**						
	Net D	105 572	107 538	109 498	111 464	113 430	115 392	117 359	119 322	121 286						
	Net S	97 583	99 289	100 994	102 692	104 389	106 081	107 766	109 451	111 130						
P-5	Gross	**109 449**	**111 738**	**114 029**	**116 315**	**118 608**	**120 895**	**123 188**	**125 475**	**127 766**	**130 055**	**132 344**	**134 632**	**136 923**		
	Net D	88 898	90 569	92 241	93 910	95 584	97 253	98 927	100 597	102 269	103 940	105 611	107 281	108 954		
	Net S	82 586	84 072	85 552	87 032	88 510	89 981	91 454	92 923	94 390	95 853	97 316	98 771	100 229		
P-4	Gross	**90 038**	**92 080**	**94 122**	**96 162**	**98 205**	**100 264**	**102 475**	**104 685**	**106 895**	**109 101**	**111 314**	**113 521**	**115 730**	**117 941**	**120 151**
	Net D	74 130	75 743	77 356	78 968	80 582	82 193	83 807	85 420	87 033	88 644	90 259	91 870	93 483	95 097	96 710
	Net S	69 032	70 499	71 969	73 431	74 895	76 358	77 820	79 278	80 736	82 193	83 646	85 100	86 554	88 004	89 454
P-3	Gross	**74 013**	**75 903**	**77 794**	**79 680**	**81 572**	**83 461**	**85 348**	**87 241**	**89 129**	**91 019**	**92 911**	**94 799**	**96 690**	**98 578**	**100 505**
	Net D	61 470	62 963	64 457	65 947	67 442	68 934	70 425	71 920	73 412	74 905	76 400	77 891	79 385	80 877	82 369
	Net S	57 379	58 751	60 126	61 497	62 873	64 244	65 615	66 991	68 361	69 735	71 103	72 473	73 838	75 209	76 577
P-2	Gross	**60 715**	**62 405**	**64 095**	**65 786**	**67 477**	**69 165**	**70 857**	**72 544**	**74 235**	**75 928**	**77 615**	**79 306**			
	Net D	50 965	52 300	53 635	54 971	56 307	57 640	58 977	60 310	61 646	62 983	64 316	65 652			
	Net S	47 803	49 015	50 223	51 434	52 642	53 853	55 083	56 310	57 542	58 770	59 995	61 228			
P-1	Gross	**47 464**	**48 976**	**50 516**	**52 146**	**53 767**	**55 392**	**57 016**	**58 644**	**60 265**	**61 887**					
	Net D	40 344	41 630	42 908	44 195	45 476	46 760	48 043	49 329	50 609	51 891					
	Net S	38 056	39 239	40 423	41 605	42 786	43 969	45 151	46 319	47 481	48 644					

P1-P3□ 38000 – 57000
P4-P5□ 69000 – 83000
D1-D2□ 97000 – 105000

通常情况下，每年晋升一档。国际组织的福利待遇比较好，如每年 30 天带薪假期、两年一次探亲假、未成年子女教育费、医疗保险、养老保险。福利也很人性化，比如有配偶职员的工资比单身职员的高。此外，困难地区、消费指数高的地方，还有 post adjustment，比如 1994 年日内瓦的补贴比例为 75%。再如，探亲的目的是让国际职员重温祖国文化，配偶及未成年子女同行，全部报销机票，飞行 8 小时以上乘公务舱。养老金也可以免除职员的后顾之忧，假如职员本人退休后不幸去世，其配偶可以继续领 50% 的养老金。

（三）国际公务员操守

国际组织对工作人员要求严格，联合国 1953 年就通过了“国际公务员行为标准”（standards of conduct for the international civil service），

共50条，对国际公务员行为做出了非常严格的规定。国际职员必须接受联合国宪章规定的价值观，必须忠诚于国际组织，爱岗敬业，恪尽职守，防止利益冲突。例如，国际职员因公出访，飞行时间超过8小时才能乘公务舱。联合国秘书长、世卫组织总干事虽然是一把手，也不许乘甲等舱。世卫组织只在工作日为总干事配公车，办私事和节假日自己开车，中午和职工一样在食堂排队买饭。我写的《国家公务员与国际组织任职》对国际公务员的方方面面做了详细介绍，这里不多花时间讲了。

三

怎样打进国际组织

打进国际组织有三层意思：（一）进得去；（二）站得住；（三）升得上。做国际公务员需要具备什么条件？习主席提出，参与全球治理需要一大批熟悉党和国家方针政策、理解中国国情、具有国际视野、熟练运用外语、通晓国际规则、通晓国际谈判的专业人才。我觉得，国际公务员需要具备的素质与此基本一致。我根据个人实际感受讲九个方面。前三个是技术层面——信息、意愿、技巧；后六个是核心价值观、核心能力——国际视野、诚信敬业、包容心态、善于沟通、精通外语、人际关系。

第一，信息。要打进国际组织，首先需要了解哪个国际组织招聘，招聘什么样的人，这个组织的宗旨和任务是什么，你学的是什么专业，是否符合国际组织的要求。国际组织招聘都会在网上公布“职位空缺”（vacancy notice 或 job opening），上面写明：项目任务、岗位职责、具体要求，包括学历、技能、经验、语言、薪酬。联合国这个网址（https：//careers. un. org）公布所有相关信息，里面有联合国专门机构的友情链接，你们可以通过网络了解详细信息。

再给同学们提供几个到国际组织实习、参加培训、应聘考试的信息。

申请到国际组织实习。联合国和专门机构机重视培养青年，接受大学生实习，联合国一年三次，世卫组织一年两次。国际组织提供导师、办公室、电脑、电子邮箱，但是大部分国际组织不给实习生提供报酬，只有国际劳工组织提供少量补助费。告诉大家一个好消息：国家留学基金委自 2015 年开始资助到国际组织实习的同学了。留基委网站（www. csc. edu. cn）有相关信息，请注意及时查看。

参加“国际公务员能力建设培训班”。中国联合国协会每年暑期举办培训，每次请 10 多位国际组织退休回国的资深官员授课，包括外交部原副部长、联合国前副秘书长、原驻外大使，我也参加讲课。这是联协网址（www. unachina. org）。

报考青年专业人员项目［Young Professional Program（YPP）］。这是联合国为缺额国家设立的，大学生可网上报名，合格者参加笔试、面试。通过考核的人员列入联合国后备名录，如出现相应岗位空缺，就可能接到通知去任职。人社部和联合国合作，2015 年 12 月在中国举行 YPP 考试。这次考试已截止报名，但今后还会办，请留意人社部官网（http：//www. mohrss. gov. cn）信息。

第二，意愿。能否打进国际组织，与机遇有一定关系。机遇有三性：首先是客观性，机遇是存在的；其次，机遇有极大的偶然性、极强的时间性；但是，更重要的是个人意愿，有志者事竟成。我讲个小故事。我在日内瓦工作时，遇到一位小伙子，他从天津到瑞士读大学，发现是野鸡大学，瑞士政府不承认它的学历证书。瑞士移民管理严，没有合法身份会被驱逐出境。他请我帮助在国际组织找工作，说自己已在宝洁公司工作。宝洁（P&G）是个不错的企业，干嘛要到国际组织呢？原来我误会了，他不在 P&G，而是保洁。大学没毕业，要到国际组织工作，让我感到惊讶。2007 年我退休回国前欢送时，小伙子找我合影，还带着他妹妹。他不仅自己在国际组织找到了临时工作，还把妹妹接到了瑞士。后来得知他妹妹学的是财会，在日内瓦参加联合国的考试，成为正式的国际职员，兄妹现在都在瑞士。这个案例说明，事在人为，只要不懈努力，就能够打进国际组织。小伙子能行，北语同学更能行。

第三，技巧。应聘求职需要两方面的技巧，一是投简历，二是笔试、面试。国际组织现在使用电子版个人简历（personal history form，PHF），不需要自己设计，但是填写要有技巧。申请职位实际就是推销自己，要让对方相信你特别能干，必须会填表，不能第一轮电脑筛选就被淘汰。比如，国际组织特别重视语言，怎么填写外语水平？如果都填水平一般，那就别申报了。国际组织现在缺乏人力资源，基本实行电脑预审个人简历，外语水平在中等以下的会被电脑自动淘汰，所以必须适度包装。我申报世卫组织时，填写懂法语、英语、汉语。法语的听、说水平填了 3（当时 3 是最高级，代表几乎像母语）。我虽是留学生，法语也不可和母语一样流利，但我对听、说这两项是有信心的。现在，评分有 6 档，就更好填了。我推荐一位同事申报，她英文很好，我建议她听、说、写这三项至少选添一个 3。工作经历部分有个问题“number and type of employees supervised by you，if any”。她是普通工作人员，手下没有任何人。如果照实填写，肯定缺乏竞争性，我建议她适度包装。那时，中国与世卫组织有结核病防治方面的合作，全国有十几个省市参加，我们每年给对方提供报告。她所在的单位负责联系有关省市人员，她是经办人。简历表问题是“number of employees supervised by you”，没明确是 supervised administratively 还是 technically。一般 supervised administratively 你要负责发工资。实际你与省市是技术指导关系，也可以叫做 supervised technically，可不可以填写呢？全国有 12—13 个省参加，每个省 2—3 个人，填写多少人合适呢？12 乘以 2 还是 13 乘以 3？她最后填了多少人，我不记得了。我想强调的是，求职要适度包装，但要以事实作为依据。她填多少人都可以，但必须有名单，不能无中生有。

简历是第一步，考试是第二步。笔试、面试需要一定技巧。首先，要熟悉掌握三个层次的信息与基本知识：（1）申报岗位的具体要求、你是否具备充分条件；（2）申报国际组织的宗旨、任务、组织架构；（3）该组织与联合国的关系。联合国大会 2015 年通过的 2030 可持续发展目标（Sustainable Development Goal，SDG）共 17 个总目标和 169 个子目标，指导各个地区未来 15 年的发展，其中包括消除极端贫困、消除饥饿、促进健康、公平教育、男女平等等。要熟悉该组织承担的项目。其次，回答问题要尽量用联合国系统的语汇。要熟悉国际职员的三项核心价值、八项核心能力。面试一般先自我陈述，事前准备好 self-presentation，简明扼要，不要重复简历中写过的东西，重点讲自己的长处、亮点。要让考官们从你的介绍中得到好印象：第一，对联合国比较了解；第二，该组织任务和该岗位职责是你的兴趣所在；第三，你的专业对口，而且具有联合国要求的核心价值观与核心能力，这个位子非你莫属。面试又分三种：电话、视频和面对面谈话。电话面试你看不见考官，可能听不清楚，但是不要紧张，因为你的笔试已经打败多数对手，进入面试的是极少数人了。视频和面对面考核需要注意着装、打扮、坐姿、语速，讲究礼貌、尊重考官。

由于时间关系，技术性的问题就讲到这里。下面谈国际职员的基本素质，讲六个方面。

第一，国际视野。在全球化条件下，我们要从全球的角度看世界，不能仅仅从国家的角度看世界。改革开放前，我们对外部世界的了解全部来自报纸。我年轻时，以为世界还有 2/3 的阶级兄弟生活在水深火热之中，社会主义中国最伟大。改革开放后，知道台湾地区也是亚洲四小龙。从局限的视角看世界，可能变成井底之蛙，看到的天只有井口那么大。后来改革开放了，也有人出现美国的月亮比中国圆的倾向。崇洋媚外不对，闭关锁国也不对。从地图上看，国家之间有国界；从卫星上看，有国界吗？地球上没有国界，全球化的今天更是你中有我、我中有你。如只从国家角度看问题，看到的是国界，想到的是国家公民；从全球角度看问题，看到的则是世界，想到的是地球村民。例如，气候变暖和减排问题就不是一个国家的事情，需要超越国界，站在全球角度看问题。过去作为发展中国家，认为污染主要是发达国家造成的，发展中国家只承担“共同的但有区别的责任”。在减排问题上，习主席做出了榜样。巴黎峰会前，他与奥巴马、奥朗德签订协议，并且亲自出席峰会，宣布2030年是中国排放峰值之年，等于给自己断了后路，表达了承诺减排义务的决心；还宣布为发展中国家提供200亿人民币捐款，中国为世界各国做出了榜样。这就是国际视野的具体表现。我认为，眼界决定境界，角度决定态度。国际公务员不仅要有家国情怀，更需要具有国际视野。

第二，诚信敬业。国际职员有三项核心价值：integrity，professionalism，respect for diversity。Integrity 和 Professionalism 翻译为诚信、敬业，实际就是忠心与爱心。我们国家规定国家公务员要三忠于：忠于宪法、国家、人民。国际职员也有三忠于：忠于所在国际组织、忠于联合国、忠于宪章。联合国文件指出：Integrity embraces all aspects of behavior of an International Civil Servant, including such qualities as honesty, truthfulness, impartiality and incorruptibility. 诚信（integrity）特别包括诚实、真诚、中立（honesty，truthfulness，impartiality）品质，实质就是忠诚。敬业是爱心：爱你的职业、爱你职业所服务的对象，就是毛主席所说的为人民服务。联合国文件指出：Professionalism is to be dedicated, conscientious and efficient in meeting deadlines and achieving results. To contribute to their maximum potential. 敬业就是奉献，包括贡献最大潜能（maximum potential）：你的知识、你的才华、你的青春，乃至你的生命。联合国成立70多年来，有上千位职员因公牺牲。2003年爆发非典，我的意大利同事在越南工作，明知萨斯（SARS）病毒具有烈性传染性，但他仍坚守岗位，不幸感染，于3月23日殉职。国际病毒协会以他的名字命名这种病毒。要知道，他不是 nobody 而是 somebody，他是“无国界医生”的成员，曾代表该组织到瑞典领取诺贝尔和平奖。2003年美国攻打伊拉克，联合国派人到巴格达开展人道主义援助。联合国一位巴西籍副秘书长率领23人的团队工作，在办公楼工作时遭到轰炸，集体殉职。这当中有我的领导、来自非洲的世卫组织助理总干事。离开日内瓦前，我们给她饯行，她说在巴格达工作半年，完成任务回来再聚。没有想到，只去了一个星期她就永远离开了我们。联合国维和警察和维和部队也有很多同事牺牲，包括中国的维和人员。敬业意味着献出爱心，国际公务员必须全心全意为全世界人民服务。

第三，包容心态。联合国的核心价值观之一。联合国秘书处职员来自180多个国家。

他们的肤色、性别、仪表、装素、语言、举止，各有不同。这只是冰山一角，更大的、看不见的实质性差异还包括不同的政治、宗教、文化、信仰、风俗、习惯（见右图）。习主席2014年3月在联合国教科文组织发表关于世界文明的讲话，指出世界文明是多彩的、不同文明是平等的、各种明文是包容的。在国际组织这样的跨文化氛围工作，必须尊重文化的多样性，具有包容心态，真心实意地相互尊重。

上面介绍了核心价值观，此外还有八项核心能力。“联合国能力开发实用指南”里有全面介绍，可以到人社部网站下载这部电子书（见下图）。下面就其中三项谈谈个人的理解和感悟。

善于沟通。牛津字典对communication的定义是：Mutual exchange of information by any means. 辞海的定义更简洁：挖沟使两水相通。两个定义有共同之处，就是双方沟通要达到互通的目的。这就像两条河交叉，最终有一部分水交融，混为一体。如果沟通只是你说十句，我说十句，没取得共识，就等于没有沟通。我说十句，你说十句，哪怕只有两句有

共同点，也叫有效沟通。国际组织的作用就是寻求共识。国际组织召开那么多的会议，虽然争争吵吵，但最终必须达成某种程度的共识。沟通，首先要相互尊重，你可以不同意对方的观点，但要尊重对方的权利。沟通要具有包容心态，留有妥协余地，所谓退一步海阔天空。国际组织的任务，就是要在不同的观点中寻求共同点，求同存异，达成共识。沟通是一门艺术，里边有很多学问。沟通分为语言沟通、非语言沟通。语言沟通有开头和书面两类，非语言沟通有肢体动作与面部表情两类（见下图）。国外有学者研究比较 verbal，vocal，visual 三者的作用，认为 verbal 是传递信息的重要工具，然而 vocal，visual 即语音语调、面部表情、肢体语言所传达的信息量甚至比 verbal 更多。中文形容倾听有很多成语，比如洗耳恭听、目不转睛、聚精会神、全神贯注，说明沟通

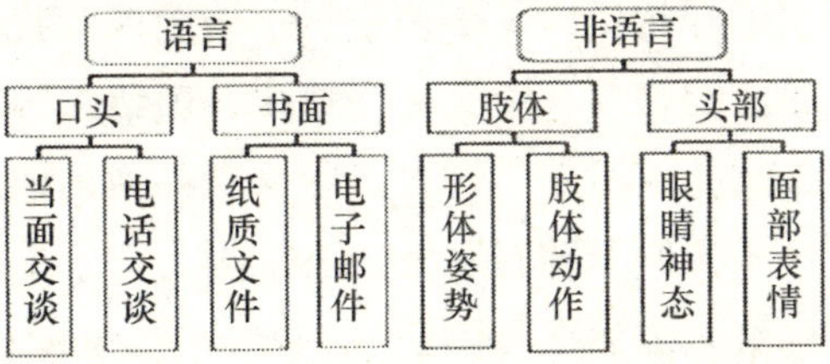

不光是用嘴巴、耳朵，还有眼睛。交谈时一般要看着对方的眼睛，眼睛是心灵的窗户。看着对方的眼睛，一方面表示尊重，另一方面从对方眼神里可以判断对方的真实感情，他是说真话还是假话。沟通的最高境界是幽默，在遇到尴尬局面时，幽默能够帮助缓和气氛甚至化解矛盾。拉加德女士竞选国际货币基金总裁时有个小故事。IMF 前总裁卡恩因性丑闻下台，法国推出拉加德竞选。为什么总是法国人做总裁？其实，这是尽人皆知的秘密，这与美国人一直是世界银行总裁没什么两样。但也有人不满意。在一次记者招待会上，有位欧洲记者提问：你是哪国人？这明显带有不满和挑衅。拉加德回答了三句话：By nationality，I am French. 第一句落落大方，实事求是。第二句：By background，I am European. 开始不动声色，予以反击，言外之意是：你也是欧洲人，干嘛反对我？第三句：But by vision，I am universal. 回答得很睿智、很幽默。邓小平同志用幽默化解尴尬的水平更高，他能“猝然临之而不惊，无故加之而不怒”，在会见英国首相撒切尔、菲律宾总统阿基诺等外国客人时，都曾遇到过棘手问题，他都巧妙运用幽默做了回答。

精通外语。国际职员要懂两种工作语言，学好外语很重要。20 世纪 70 年代懂外语是个大问题，现在大家的外语水平普遍提高了。中国人到国际组织，我提示两点。第一要自信，现在同学们外语都不错，一定要适时适度地表现出来，这也是为国争光。我讲个故事。1987 年，我是世卫组织的执行委员。执委会有 32 个委员。每次开会领文件时，我都要中、法文两种文本，以便在讨论重要议题时相互对照、加深理解。有次讨论一个问题，委员们争论很大。我对照中文和法文，发现两个文本的关键用词正好相反，一个说东、一个说西。我不敢发言，因为中文是国内同事翻译的，万一中文翻译错误，就给中国抹黑了。我让助手马上到翻译组去问，他回来告诉我：中文和英文一样，这个文件的原文是英文，应当是法文的问题。这下我有把握了，于是举手发言。先来一套老生常谈：祝贺先生当选本次会议主席，这个问题很重要，中国代表团的看法如何如何。最后，我提问，秘书处文件为什么英法文不一致，一个说东，一个说西？我念了这段英文，再念法文。没想到，发完言效果出乎意料，大家不再争论了，取得了一致意见，同时向我表示祝贺，说宋先生懂三种官方语言，应当做规划委员，我后来又被规划委员会提名为起草小组成员。其实，我哪里有起草文件的本事，只是每次会议前提前一周去看看文件。第二要注意发音，不要把 English 搞成 Chinglish。我们年轻时学英语，有人用中文注音，比如 English 的注音有：应给利息、应改历史、因果关系、阴沟里洗、英国里去、应该累死。现在不会这样发音了，但是国内使用口语机会少，要特别注意练习正确发音。外国人其实也有发音的问题。有个人澳新口音很重，生病向领导请假，说“我要去医院”。人家听了以为是 I am going to the hospital to die。在国际组织闹这样的笑话，真是出洋相。我说要自信，我们邻国的外语基本上不如我们。某国主办国际会议，主办人想表现表现，也自信一番。可他英文不行，临时请老师教寒暄话。初次见面，对方说 how do you do. 你也回答 how do you do. 见到认识的人说 how are you? 对方回答 I am fine. Thank you，and you? 你说 Me too. Than you. 美国客人抵达机场，他去迎接。客人是熟人，他老婆 × × 也认识，于是他说 who are you? 客人听了一愣：去年我和夫人 × × 一起见过他，怎么不认识了？这一定是他幽默。我也幽他一默，说 I am the husband of × ×。这位老兄听后说：Me too，thank you，结果闹了个国际笑话！

我还有几个这方面的故事，听来像笑话，其实都是真事。比如你踩人脚了，应当说 excuse me，please. 可有人一紧张竟说成 execute me，please。此外，英文书写也要注意不出错误。我的一位同事访问英国，受到查尔斯王子接见。回来之后，这位同事写了一个情况汇报，发给有关人员。开头一句话写道：I have visited the UK and wish to share with you this massage from the Price Charles. 短短几行，错了两个地方：message 写成 massage，Prince 写成 Price。这句话，用电脑“拼写和语法”自动检查，拼写和语法都没错，但意思错误，电脑不负责。所以说，你们出去要特别注意。

人际关系。在国际组织工作，要搞好和同事的平行关系、对领导的上行关系、对部属的下行关系。提到关系，国内有人靠请客送礼、拉关系、走后门。国际组织人与人的关系是建立在法律基础上的，工作上有领导和被领导之分，但工作之余，生活中大家是平等的。从文化角度讲，东西方差异很大，西方本质上是个人主义，东方是集体主义。这里所说对个人主义（individualism）没有褒贬的含义，不同于 egoism。下图中显示的就是西方概念中的“个人主义”与中华传统中的“集体主义”的主要区别点。

中国是文明古国礼仪之邦，特别讲究谦虚。西方强调自我，英文里的我字必须大写，因为如果小写，就不是我了。同样是我，中文里自谦“鄙人、愚兄、老朽”。写了本书，是全国第一部专著，自谦说“拙作”。如果真的“拙”，写它干嘛呢？这种性格、这种文化，在国际组织里是吃亏的！谦虚是美德，但过度谦虚，人家会认为你无能。比如，应聘考核时问你会打字吗？中国姑娘每分钟打 280 字，但是怕万一紧张打不到 280 会出丑，就回答 so so，意思是还行。可考官了解这 so so 是马马虎虎，是“不行”。美国姑娘其实只能打 200 字左右，可是她却回答能打250。考官想，她能打250，中国姑娘没有自信，让美国姑娘试试吧。结果她只打了180。“你不是打250吗?”回答“我今天手指头戳了”。结果美国姑娘留下试用，中国姑娘没戏。

处理人际关系需要不卑不亢。对上级领导，我的原则是：尊敬而不崇敬；相信而不迷信；服从而不盲从。“国际公务员行为标准”规定：下级服从上级；与上级意见不同，可口头提出异议。领导坚持，下级可以书面反对；领导书面否定的话，下级必须执行。2004年世卫组织新任总干事访问中国，我在世卫组织负责与中国的联系。总干事希望会见胡主席和温总理，国内短时间不能给予明确答复。总干事对我不满，提出压缩访问等要求。我熟悉国内接待规定，认为总干事意见不可取。一方面，我通过迂回办法，起草邮件请司长认可后发给总干事办公室；另一方面，积极和国内联系协调争取。最后，总干事竟然发火，说我做的工作是poor arrangement。临走前，他请中国职员吃饭，仍对我不满。结果，4月20日胡主席和温总理分别会见了他。那天深夜，也就是北京时间21日的凌晨，总干事给我发一了封电子邮件，说：I feel great. It was a right decision. Thank you very much. 可见他非常兴奋，否则没必要连夜给我发邮件。这件事告诉我，处理上行关系，既要执行有关规定，又要坚持原则，同时还要讲究方式方法。总干事并没因为我坚持正确意见打击我，反而提前给我发新年贺卡：Dear Professor Song，I wish you prosperous new year! Let's get together and have lunch or dinner. Thank you very much.（见右图）

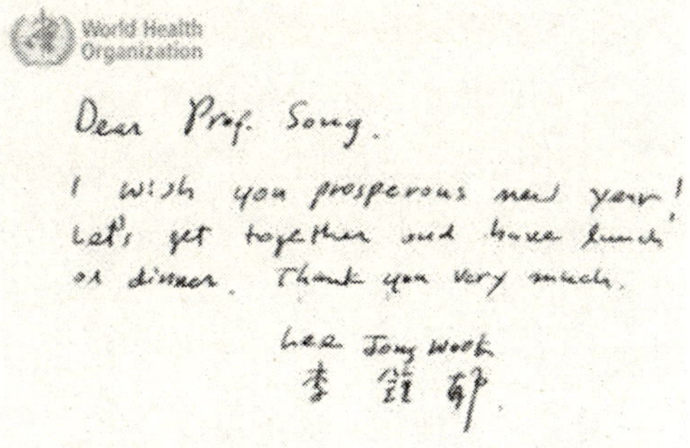
World Health Organization

Dear Prof. Song.
I wish you prosperous new year! Let's get together and have lunch or dinner. Thank you very much.
Lee Jong wook

结束讲座之前，送你们八个字：第一，志存高远。年轻人要树远大理想、立雄心壮志。英文字典对雄心（ambition）定义：The desire for personal achievement that provides the motivation and determination. 这里最重要的是 motivation。西方人讲 motivation 和我讲树立正确的三观，其实是很相近的。有正确的 motivation 和 determination 叫雄心壮志。如果第一个纽扣没系好，motivation 歪了，determination 越大越危险，那不是雄心壮志，而是野心勃勃。第二，脚踏实地。老子说：合抱之木，生于毫末。九层之台，起于累土。千里之行，始于足下。今天你们还是一颗小树，只要坚持不懈、持之以恒，有一天你们一定会成为参天大树。我 2011 年出版的《做国际公务员》中有一句话，作为今天讲座的结束语：世上无难事，只怕有心人。做国际公务员并不似想象得那么难。洋人能行，国人也能行；别人能行，你们也能行！年轻朋友们，努力吧！

互动环节

问：国际公务员是隔几年回来一次还是经常回来？飞机票报销还是自理？

答：出差回国，看工作性质。中国有任务就回来。现在世卫组织的中国籍助理总干事 2016 年 1 月去的，已经回国好几趟了。我在世卫组织外事部门工作时，总干事访问中国，我希望他带一位助手，因为我管中国，可他却只身一人来访。因此，能否回国，完全看工作需要。但是，中国职员可以每两年回国探亲一次，费用报销，包括机票、旅馆等。飞中国超过 8 小时，可乘坐公务舱。

问：十八大以来，国家非常重视国际公务员的培养，但是一些学校没有开展关于国际公务员培养的课程，这方面做得并不够，你有什么看法？

答：国家现在非常重视这件事，大部分高校也很重视。上海外国语大学 2007 年就办了国际公务员班，有 19 个学员于 2011 年毕业。我出《做国际公务员》那年，他们毕业。但是，总的来说，社会对国际公务员了解太少，包括媒体。2011 年有媒体批评上外：国际公务员班毕业的 19 个学员，没有一个进国际组织。会有这样的说法，只能说明报道的媒体不了解国际公务员的入职要求。我认为，高校已开始逐步重视这件事，但还不够。小平同志讲，足球要从娃娃抓起。我认为，培养国际公务员要从大学生抓起。据我所知，外交学院开了国际公务员课程，对外经贸大学有国际人才培训基地，浙江大学有国际组织人才精英班，北京大学和外交学院组织过关于培养国际公务员的研讨会。相信会有更多高校跟上。

问：国际公务员的压力是不是很大？怎么参加国际公务员培训？

答：我们刚开始的时候有过压力，因为国内没人介绍到国际组织如何工作，全靠自己摸索。遇到问题，一般还不愿意也不敢问别人，怕给中国丢脸。现在，国内组织各种各样的培训，情况不一样了。实际上，各种情况熟悉一段时间后，压力并不是那么大，因为咱们中国人其实都非常能干，不比别人差。

怎样参加国际公务员培训？大学生可以参加中国联合国协会组织的国际公务员能力建设培训班。培训班每年暑期都办，对社会开放，包括国外留学人员。我讲课时，看到有从美国、英国和新加坡回来的学生。中国联合国协会一般 5、6 月份在官网发广告，过去要求大三以上、英语六级以上。如报名人数多，则进行筛选。现在条件放宽了，一年级也可以报名。这个培训班是很好的机会，每次有十多位资深国际组织退休官员授课。

问：国际公务员选拔录取比例大概是多少？YPP 考试是怎样的？需要怎么准备？

答：录取比例要看是哪个国际组织、哪个岗位。总的来讲，竞争相当厉害。联合国统计平均每个岗位参与竞争的有 50—1500 人。YPP（Young Professional Program）即青年专业人员竞争考试，是联合国针对代表性不足的国家设立的考试项目，联合国和中国人社部合作举办。YPP 是联合国招聘 P1 和 P2 级初级业务人员的方式之一，不适用联合国专门机构。笔试、面试都是联合国出题，通过考试的，列入联合国后备人员名单，出现职位空缺时，从后备名单里选聘。2016 年的考试，12 月已经截止报名。以后还会有，请关注人社部网站信息。至于准备工作，和讲座里谈到的基本一致。建议看看《国际公务员与国际组织任职》的详细介绍，也可以到人社部网站浏览了解更多信息。

问：我们到底要学几门语言？语言要学到什么程度？

答：英文在任何国际组织都是最重要的工作语言，在日内瓦的国际机构，工作语言是英文和法文；在美国的，包括世卫组织美洲区、世界银行等，是英语、西班牙文，因为美洲大部分国家讲西班牙语。有条件的，大学可以学第二外语。我体会，学会一门语言，再学第二门并不难（阿拉伯语例外），因为拉丁语系有相通性。学的语种越多，越有利于第一门外语的提高。外语学院同学除了外语，最好再学一个专业。外语、电脑、驾驶，现在都只是工具，如只会工具，只能给别人当工具。我学外语出身，当时法语很吃香。现在，外国人热衷于学中文。但是，在可见的未来，汉语不可能成为国际组织工作语言。想打进国际组织，一定要学好一门外语。

问：联合国很多职位都需要 3 年至 5 年的工作经验，您认为大学生毕业后，哪些工作经验会得到国际组织的青睐呢？

答：我刚才已经列出国际组织对工作经验的要求，1 年开始到 15 年不等，要求具备相关领域的国际工作经验。我认为，如果有国际组织实习机会，一定要争取去实习。实习也算是国际工作经验。学校组织的社团活动、义工活动，都能锻炼提高组织能力、社交能力、综合能力。这些都可以写到简历里，很有好处。如果有机会参加国际组织的活动，包括非政府组织活动，都可以参加。联合国各个机构的驻中国办事处都招收当地实习生。你们在北京念书非常方便。

问：国际公务员在处理一些工作过程中，有没有受国内因素的影响？比如政治、国籍，跟自己国家沟通有影响吗？

答：国际职员要宣誓效忠联合国，遵守联合国宪章，不得寻求或者接受第三方的指示。第三方指谁？你是联合国的雇员，国际组织是雇主，第三方指你的国家。也就是说，国际公务员不得寻求本国政府的指令。理论上说，国际职员不能为本国直接服务，但是所有职员都有国籍，感情不会离开祖国，有机会的时候，就想为国家做点事。有没有矛盾呢？肯定有，但绝不能发生利益冲突。比如，我单位的司长是法国人。法国外交部派代表团到卫生组织访问。我分管法国，司长和代表团谈话，让我参加。代表团有人问：作为法国人，你对法国政府加强在世卫组织的影响有什么建议？法国怎么发挥更大作用？这位司长回答得非常坦率：派法国人到卫生组织啊。他说，《食品法典》是世卫组织与联合国粮农组织共同制定的食品卫生标准。比如，法国认为 × ×无毒，可以作为食品添加剂。法国人是世卫组织职员，起草文件就把 × ×列进去了。到了开会的时候，有国家反对列进去，会遇到困难：193 个国家讨论，他要说服另 192 个代表，反之亦然。

作为国际职员，也能为国家做出贡献。中国药品生物制品检验所有位同事在世卫组织工作，负责疫苗生产标准。她负责汇总各国专家送到总部的文件，发现某个疫苗生产标准只有 A，没有国内使用的 B 标准。她向司长提出来，司长决定邀请中国专家参加这个会议。中国利用参加国际会议的机会介绍了 B 标准。各国专家经过讨论，一致认为 B 的确优于 A。中国标准成为世界标准。无疑，这位中国同事起了很大作用。她是国际职员，既为中国做了有益的工作，也为世界做了工作。再如，非典期间世界各界都担心非典传染，世卫组织及时在互联网公布各地疫情。有一天，我发现网站上把台湾地区和大陆并列。台湾地区怎么可能列为国家呢？作为国际职员，怎么处理？我是外事部门的职员，那个网站是由疾病控制部门负责。国际公务员一般不介入政治问题，但是作为中国人不能不管。我采取了变通的办法加以解决，把电脑截屏复印三份。一份发给中国驻日内瓦代表团，告诉他们这个情况。代表团问和谁交涉，我建议找我的司长。不久，司长打电话对我说，中国使馆向他提出网站出现台湾问题。于是，我把第二份复印件交给他。过一会儿，司长又来电话，说中国代表团官员要约见。我带着第三份参加会谈，其实他们拿着的都是我复印的。会谈之后，我把中国的表态整理成文字，以我司长的名义发到世卫组织有关部门，下午网站问题就得到了处理。我既不动声色地维护了一个中国原则，也没违反国际组织规定，联合国不承认台湾，世卫组织也要执行联合国决议。

问：如果我当国际公务员或进外交部，入党是一种充分条件吗？

答：做国际公务员，加入中国共产党不是必须的条件。进外交部，我不清楚是不是必须是共产党员。党员进入国家公务员队伍，可能加分。刚才说到“国家公务员行为标准”，那50条规定里有一条关于政党问题的条文。大意是：政党是一个复杂问题，国际职员可以加入任何国家的政党，条件是那个党的宗旨与联合国宪章没有冲突。此外，国际职员不得参加政党的任何公职公选。这就是说，国际职员可以有自己的政治信仰。

问：穆斯林当国际公务员，会遇到哪些问题？

答：埃及是阿拉伯语国家，但埃及有国际公务员。伊朗这样的国家有戴面纱问题，国际组织不会有问题。国际组织尊重多样，respect for diversity 是联合国的核心价值观。埃及和中国都有古老的文化，西方有人不喜欢，但是在国际组织他不敢表现。可能有人会在背后议论，你就当听不见。在国际组织，信教的职员不能宣扬你的信仰最伟大，你宣扬真主，他宣扬上帝，就会出现矛盾。职员行为标准里边有规定，遇到争执的时候必须有宽容的心态。你可以不接受他，但不可以伤害他。我认为，不论女性还是男性，都不会遇到这方面的挑战，最大的挑战是能不能适应国际组织工作，你的任务能不能完成。我个人的经历是，走的时候已经是司长，已经当了26年的国家公务员。刚一去就是P5，觉得有很多不会干，因为过去从来没干过。最好是去工作两年回来，有了合适的位置再去。这个旋转门的问题，对于国家公务员来说是个大政策，有关部门在研究。你们年轻人会遇到如何适应跨文化氛围的问题、外语水平的问题，这些都是可以克服的。

第四讲

联合国维和行动与中国的参与

— 蒋振西 —

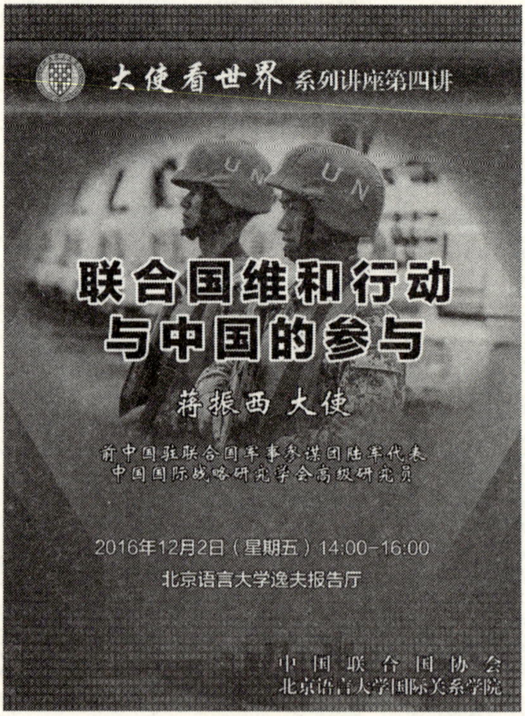

我很高兴能有机会参加这个讲座。我先说明一下，这个讲座的名称是“大使看世界”，大使是驻外使馆的一把手。我是一名老兵，没有当过大使，是在使馆做军事外交工作。我在常驻联合国代表团先后工作了十多年，对联合国维和行动有较深入的参与和了解。当前，联合国维和行动是一个国际热点，也是国际社会关注的一个焦点。今天，我想借这个机会向大家介绍有关联合国维和行动与中国参与的一些情况，目的是想帮助大家开阔国际视野，树立和平的理念。

我今天讲的内容分为两个部分：一是讲联合国维和行动的发展历程；二是讲中国的参与情况。我集中谈五个问题：第一是联合国维和行动的历史进程；第二是联合国维和行动的当前形势；第三是联合国维和行动的发展前景；第四是对联合国维和行动的思考；第五是中国的作用与贡献。

首先讲一下什么是联合国维和行动。大家知道，联合国维和行动是由联合国统一指挥的和平行动，是联合国维护世界和平与安全的一个重要手段。目前，除了联合国以外，还有其他一些国家和国际组织、地区组织也在实施一些维和行动，但是在国际舞台上最受关注的还是联合国维和行动。

我们知道，联合国成立初期提出了三大任务，用三个英文字母“D”来表示。一是“Disarmament”，即“裁减军备”以实现国际安全；二是“Development”，促进世界经济发展；三是“Decolonization”，消除殖民统治，实现民族独立。现在，第三个任务即非殖民化问题已经完成了，许多国家都独立了，但安全与发展仍然任重道远。目前，联合国将国际安全、发展和人权作为新的三大任务。

对联合国而言，维护和平与安全是其首要任务，为此，联合国维和行动就成了联合国维护国际和平与安全的一个有效手段。联合国维和行动是由联合国负责组织、指挥，由联合国成员国的军人、警察和文职人员共同实施的和平行动。

自 1948 年以来，联合国共实施了 71 项维和行动，遍布世界四大洲，主要是非洲、亚洲、欧洲，还有拉丁美洲。有 120 多个联合国成员国派出上百万人参加联合国维和行动，其中有 3000 多人献出了生命。

联合国维和行动具有以下基本特性：第一具有合法性，因为联合国是最广泛的政府间组织，现在有 193 个成员国，它在国际上具有合法地位；第二具有普遍性，目前联合国维和行动有 120 多个国家参加，世界主要大国都派出了维护人员；第三具有公正性，联合国具有很高的政治威望，其所实施的维和行动坚持公正原则，易为冲突各方接受；第四具有权威性，因为维和行动是由安理会授权，是必须执行的行动。联合国安理会做出建立维和行动决议后就要实施，由联合国秘书长安排、部署。

多年来，联合国维和行动在实施过程中坚持三项基本原则，这是前秘书长哈马舍尔德制定的。其主要内容是：第一，要征得冲突方同意。联合国建立维和行动要征得冲突方同意，使各方能够接受。如果冲突方不同意、不接受，联合国维和部队、维和人员就很难开展工作。第二，在实施过程中要坚持公正、中立原则。如果偏向冲突中任何一边的话，对立的那一边就不会信任你，你就可能介入冲突，陷入困境，事情就很难处理了。第三，除自卫和联合国授权外不使用武力。一般来讲，联合国维和行动不是使用武力而是依靠政治解决来维护和平的。维和人员是制止冲突，而不是参加战争。

近年来，联合国维和行动的范围向多元、全面、综合的方向发展。

它不单单解决冲突，而且能够帮助冲突各方展开更多的政治进程。另外，联合国维和行动还在建设和平、预防冲突等方面发挥了积极作用。

联合国维和行动的运行机制主要由联合国大会、联合国安理会、联合国秘书处和出兵国组成。一是，联合国大会、安理会是维和行动的决策机构。大会负责对维和行动的全面审议，其中第五委员会负责审议维和行动预算；安理会决定维和行动部署，负责维和行动授权。二是，维和行动的执行机构是秘书处，秘书长是一个很关键的人物。冲突发生后，他要派人去实地调查，向安理会提出部署维和行动报告，安理会做出决议以后，他要负责实施，就是组织成员国出兵。联合国维和行动的任务和授权有很大区别，有的需要工兵，有的需要维和部队，有的需要军事观察员。维和行动部署后，秘书长还要负责部署、指挥和任命高级官员，所以他的角色是非常重要的。在联合国秘书处设有维和行动部来具体执行相关任务，另有一个外勤支助部负责后勤保障。三是出兵国，这是联合国维和行动一个很重要的角色。因为参加维和行动的10多万人，特别是军队和警察是由成员国派出的，他们是出兵国，为此，许多国家在联合国派驻专门人员负责与联合国进行联络。他们的任务是：第一，要了解联合国维和行动的进展情况，如维和行动部署计划、任务区当地局势变化；第二，向本国政府提供报告，并根据政府指示与秘书处进行交涉、协商，直到最后维和行动的建立。所以这个三角关系是非常密切的，也是十分重要的。

联合国维和人员由以下几部分构成：维和部队、军事观察员、维和警察、文职人员、当地雇员。一是维和部队，部队主要是安全部队，所从事的任务英语称为“Operation”，实际是“军事行动”，包括安全保卫、保护平民等，难民营的保卫就是由他们负责。此外，还有一些后勤保障任务，像扫雷、修复机场、运输、医疗任务。二是军事观察员，数量比较少，总数为一两千人，他们是个体行动，负责在任务区进行巡逻、观察等任务。三是维和警察，人数比较多，有的是单个行动，他们要进入当地社会里去，也有少量成建制活动的警察负责当地安保。四是文职人员，其中有些是高级官员，如联合国秘书长私人代表，负责维和区的全面领导，还有许多行政人员，负责人事、财务、物资保障。这些人员都属于联合国任命安排的。此外，维和区还需要大量当地雇员，他们住在当地，具有方便条件。还有少量的国家志愿者，大概不到一百人，数量很小。

二

联合国维和行动的历史进程

为什么要实施联合国维和行动？这是大家关心的问题。大家知道，二战结束以后，联合国成立了。联合国准备成立一支联合国部队来维持国际安全，当时叫“集体安全”，这是个初步设想。不久，冷战开始了，美苏两大军事集团严重对立，联合国军是搞不起来了。接下来就出现了一个问题，1948 年中东发生了第一次阿拉伯和以色列的冲突，需要联合国发挥作用，进行调解并派观察员。当时联合国派出了观察员，成立“停战监督组织”（UNTSO）。这个组织是 1948 年建立的，现在还在，已经存在将近 70 年了，主要任务就是军事观察，观察停火，就是传统观察员的任务。这是联合国维和行动的由来，以后就逐步发展起来了。

联合国的维和行动的发展可以分为三个阶段：第一阶段（1948—1988 年）为逐步发展时期，第二阶段（1988—2000 年）为迅猛发展时期，第三阶段（2000—2016 年）为全面高涨时期。第一个阶段时间很长，有 40 年。这一段是冷战时期，在美苏两大阵营对峙的形势下，联合国作用发展有限。但是，联合国当时在中东地区采取了很多行动，在第一次中东战争中联合国发挥了很重要的作用。

第二个阶段是从1988年到2000年。1988年的时候，联合国行动获得了诺贝尔和平奖，是国际社会对维和行动的一个褒奖。

20世纪90年代以后，国际形势发生了重大变化，联合国的作用日益凸显。1991年的时候，联合国秘书长加利上台，安理会通过首脑会议，提出联合国要在国际事务中发挥重要作用。后来也建立了一些大的维和行动，一个是在柬埔寨，柬埔寨的维和行动当时是两万人，搞得很大。另一个是在前南斯拉夫建立了一个很大的维和行动。再一个是索马里的维和行动，规模也是很大的。这几个大的维和行动都是在那个时候建立起来的，但是持续时间不长，过了几年以后就降下来了。

第三阶段从本世纪开始，出现全面高涨时期。联合国维和行动在这个时期发展得很快，数量很大，现在大约有12万人了，共有16项大行动。

在联合国维和行动的发展历史上，我要提到有突出贡献的两个人。一位是秘书长哈马舍尔德，瑞典人，这个人很有名，他的主要功绩包括：在1956年建立联合国第一支紧急部队的时候，他发挥了很重要的作用；他确立了维和行动三项基本原则，“征得冲突方同意，保持中立，除自卫外不使用武力”，这是他的一个功劳，现在这个基本原则大家都还承认。尽管内容有些变化，但是基本原则还是应该坚持下来。

第二位就是加利，埃及人，全名是“布特罗斯·布特罗斯·加利”。他的主要功绩是扩展了维和行动理念。他提出一个著名报告就是《和平纲领》（Agenda for Peace），这对维和行动来讲是非常重要的纲领性文件。他在文件中提出来几个新概念：第一个是预防冲突的概念（Prevention），强调联合国要在冲突发生之前采取行动。一个是开展外交斡旋，进行政治调解，防止冲突发生。预防性外交是联合国常用的手段，今后会进一步加大力度。另一个是预防性部署。预防性部署是采取军事行动，在可能发生冲突的地区部署军队。联合国在马其顿搞过部署，但是时间不长，后来也就没了。第二个是缔造和平（Peacemaking），就是冲突发生后，联合国与有关方面进行和谈、调解，达成和平协议。第三个是维持和平（Peacekeeping）。第四个是建设和平（Peacebuilding)。他提出的这几个概念在当时引起了很大的反响，但是中间又提出来一个“强制和平”（Peace Enforcement）的概念，后来国际上对此出现争议，就慢慢淡化了这个概念。他的《和平纲领》对联合国维和行动来说是一个很重要的指导原则，后来的发展和这个都有关系。

联合国维和行动的历史作用包括以下几个方面：主持国际正义，维护世界和平；促进冲突解决，维护地区安定；帮助经济建设，改革政府机构；实施人道主义，保护平民安全。

在这里，我想主要讲一下中东地区，因为中东地区是联合国维和行动开始的一个地区。初期的维和行动基本上都是在这个地方，这是由以色列和阿拉伯国家之间的冲突导致的。联合国为了制止冲突，解决巴以问题做了很多努力。

关于五次中东战争。第一次是 1948 年的阿以战争。当时联合国做出一个决议，要对以色列和巴勒斯坦划分领土进行分治，但这样阿拉伯国家不干了，认为这地方本来就是阿拉伯的地方，以色列不能获得领土，所以他们不同意，不同意就发动战争。阿拉伯国家，包括埃及、约旦、叙利亚等国家都来打以色列，结果这个战争阿拉伯国家没打赢。后来联合国就成立了第一个维和行动“停战监督组织”（UNTSO）监督停火，派出观察团进行调停。

第二次战争是苏伊士运河危机，发生在 1956 年。埃及独立以后决定把苏伊士运河收归国有，这就影响到英国和法国的切身利益，他们就和以色列一起制造了苏伊士运河危机，派兵进入运河地区。当时联合国召开紧急大会，联合国要求英国、法国和以色列撤出苏伊士运河，为此成立了一个联合国紧急部队迫使他们撤军，这个问题解决得还是不错的。

1967 年又发生第三次中东战争，以色列与阿拉伯国家打了 6 天，就是从 6 月 5 日到 11 日。当时以色列发动一场闪电战，占领了很大一片阿拉伯领土，占了埃及的西奈半岛和叙利亚的戈兰高地，直到现在戈兰高地问题还没有归还。第三次中东战争对阿拉伯国家的打击是很大的，他们心有不甘，1973年的时候又发动了一次战争，当时正值以色列的宗教节日“赎罪日”，以色列全国放假，同时也是阿拉伯国家的斋月，阿拉伯人也要过节，没想到会打仗。埃及和叙利亚对以色列搞了一个突然袭击，一开始它们赢了，占了很多地方，但是不久，以色列回过劲来后，就从苏伊士运河的西边进行反击，这个战争阿拉伯国家也没打赢。

第五次是1982年以色列跟黎巴嫩之间的战争，这个就影响到现在两国之间的关系了。这场战争是由于以色列驻英国的大使被杀了，所以以色列就决定对黎巴嫩发动战争，当时发生了大规模的袭击、屠杀。后来联合国介入，要求双方停火，建立联合国黎巴嫩临时部队（UNIFIL），部署了一万多部队。再后来，联合国在以色列和黎巴嫩之间划了一条“蓝线”，就是停火线。联合国观察员在这里观察，监督停火。但是现在联合国驻黎巴嫩维和部队也不单是干这个，还有一个扫雷的重要任务。

通过五次中东战争，我们看到了中东问题的复杂性和艰巨性，这是很难解决的。巴以冲突到现在还没有解决，主要是巴勒斯坦建国问题，以色列是坚决不同意的。将来这个问题如能解决，中东形势可能会好一些。中东地区不只是巴以冲突，还发生了伊朗和伊拉克的战争、伊拉克和科威特的战争、海湾战争，现在还有“伊斯兰国”的问题。中东地区是个火药桶，冲突、对抗一直没有消停，闹得很厉害，这也是联合国维和行动在这一地区集中部署的主要原因。

二

联合国维和行动的当前形势

自1948年以来，联合国共建立了71项维和行动，现在正在实施的有16项。71项中有的已经结束了，有的已经改名字了，或者任务已经改变了。目前，中东地区有4项联合国维和行动，这与五次中东战争有关。印度和巴基斯坦克什米尔边界有1项，主要是军事观察员。海地有1项，现在海地这个维和行动在缩小。欧洲科索沃还有1项维和行动。

非洲这边维和行动是9项，维和人员十来万人，占维和行动人数的80%，占维和费用的80%，是现在联合国维和行动的重中之重。

现在联合国维和行动的主要变化体现在以下几个方面：一个是任务形式的变化，传统的维和行动就是军人监督停火，将冲突方隔离，让他们部队后撤，建立一个缓冲区，就像在黎巴嫩设立“蓝线”那样，通过这个办法脱离接触。现在这个形式有很大变化，原来那些任务还存在，但又增加了新的任务。因为现在的冲突往往发生在一国内部，不是两个国家之间的国际纠纷，没有明显边界。比如苏丹，原来就是苏丹南、北方冲突引起来的一个国内矛盾。二是任务的内容也发生了变化，维和行动现在的一个重要任务是“保护平民”，防止他们遭受武装袭击。此外还要解散前武装人员，因为和平协议达成后要把原来非法武装的人员解散、遣返，让他们回归社会，这个任务是维和行动的一个重要任务。另外，联合国维和行动还要改革当地的安全机构，如部队、国防部门、安全部门、警察等，还要监督大选。

当前，维和行动向深度、广度和力度方面都有很大发展。最近成立的几个维和特派团，基本任务是实现稳定，其中在马里和中非共和国成立的都叫“稳定团”，要求他们发挥稳定作用，冲突之后还要保证国家形势的稳定。同时，联合国对保护平民做了很严格的规定，现在几乎所有的联合国维和行动都有保护平民的任务。“保护平民”要求维和人员在平民面临威胁时提供保护，这是一个艰巨的任务。如果平民遭到武装袭击，维和人员也要用武装进行回击。这些变化使得联合国维和行动的任务范围大大拓宽，难度大大增加。

下面，我主要讲一下苏丹的问题，因为苏丹现在是联合国的一个重点。围绕苏丹部署的联合国部队现在是4个，其中南苏丹特派团16147人，阿卜耶伊特派团4778人，达尔富尔地区特派团20616人，中非共和国特派团13342人。

南苏丹独立以后，北苏丹这方面的问题不是太突出了，而南苏丹的问题比较突出，南苏丹出现了总统和副总统之间的斗争和武装冲突，这样的问题就很难解决。原来有和平协议，但是和平协议没有得到遵守，就导致爆发武装冲突，使得联合国维和人员和难民的人身安全很难得到保障。阿卜耶伊石油资源丰富，北苏丹说这个地方是北苏丹的，南苏丹说这个地方是南苏丹的，这个问题没办法解决，只能搁置，联合国在这个地方也派出了特派团。达尔富尔问题也是比较突出的。达尔富尔既有民族问题，也有宗教问题，还包含贫富差距问题，由此导致这个地方的动乱非常严重。此外，联合国在苏丹的邻国——中非共和国也建立了维和行动。

这样，联合国在苏丹及其周围建有4个维和区，维和人数加起来有5万人，将近占联合国维护人员的一半，说明了这个地区形势的复杂性，同时也体现出联合国对这个问题的重视。我们中国在这个地区派的维和人员也比较多。中国在南苏丹派了700个人的步兵营，在达尔富尔也有我们的维和人员。所以，从这个事情也可以看出非洲地区形势的变化会对联合国维和行动产生很大的影响。

联合国在非洲地区加强维和行动有很多原因，根本原因是非洲地区动荡持续，有种族问题、宗教问题，还有资源分配问题，非洲动荡危及世界和平与安全。

前联合国秘书长科菲·安南是加纳人，他担任了十年的联合国秘书长。他长期从事联合国维和行动，后来做秘书长，还获得了诺贝尔和平奖。他为非洲做了很多工作，为联合国的改革也做了许多工作。卜拉希米报告是他请阿尔及利亚前外长做的一个关于联合国维和行动改革的报告，涉及联合国维和行动如何增强自己的反应能力、如何增强装备等问题，现在这个报告还是联合国维和行动一个很重要的指导文件。

安南的继任者潘基文为联合国维和行动也付出了很大努力并做出了很大贡献。他对维和行动机构做出重大改革，在原来“维和行动部”

的基础上成立了“外勤支助部”，就是把任务区的所有活动、人员、装备、资金、设施都统筹在一个专门部门下统一管理，整体来讲还是做得比较成功的，改进了联合国维和行动的装备、后勤管理。原来联合国只有一个全球性的后勤基地（在意大利），现在西班牙也建立了一个后勤基地，在肯尼亚恩特比建了一个地区性后勤基地。2015 年潘基文组织了一个独立小组，全面审议联合国和平行动，并发表了联合国行动改革报告。

新任秘书长古特雷斯即将就任，大家对他抱有很大希望，他曾担任葡萄牙总理、联合国难民署主任，此次他能当选和他在联合国做的工作有很大关系。他说，联合国今后怎么发展，秘书长不重要，重要的是大国，需要靠大国来影响。他说得有点过谦，实际上秘书长的作用很关键。

三

联合国维和行动的发展前景

关于发展前景，我讲两个问题。第一，联合国维和行动向多元化、多层面综合发展，成为联合国和平行动的重要组成部分，保持稳定、保护平民将成为其重要职责。现在，参加联合国维和行动的人多了，覆盖的面宽了，这样联合国维和行动就可以不断地发展。第二，联合国维和行动是一项长期复杂的国际行动，需要国际社会的共同参与、支持和投入。联合国维和行动到 2018 年就 70 年了，今后还会继续发展下去。同时，维和行动需要坚持改革方向，不断提高行动的效能与反应能力。大家关心的问题就是如何能部署得快一点、有效一点。

另外，潘基文秘书长 2015 年发表的独立小组报告里正式提出了

“和平行动”这一概念。“和平行动”概念的提出已有好多年，现在把它正式提出来，并作为一个理念来提，有它的实际意义。第一是将“维和行动”的范围扩大了，原来我们讲的维和行动就是指维持和平这一个方面，现在潘基文的报告把预防冲突、调解和谈、维持和平、建设和平等四个阶段都归为和平行动，这是一个大的变化，但维和行动仍然是它的主要组成部分，参加人数多，投入资金高。

从这个层面来讲，除了目前正在实施的 16 项维和行动，加上其他阶段所包含的 23 项行动，联合国一共实施了 39 项和平行动。这样来看，现在维和行动的规模是扩大了，但除了“维和行动”，其他行动的人数并不多，一共 4000 人左右，基本上都是文职人员。我们可以这样理解，今后维和行动依然是联合国和平行动的主体，但是它的范围在扩大，任务也在增加，所以这里面就会涉及到一些新问题。

四

对联合国维和行动的思考

下面我想谈谈对联合国维和行动的思考。第一是联合国维和行动要努力完成联合国授权，坚持政治解决冲突的方向，坚持劝和促谈，保持中立，慎用武力。联合国维和行动是由联合国负责实施的，由联合国安理会授权。我们要坚持政治属性，因为维和行动虽然有军人参加，但它不是战争行动。此外，联合国维和部队兵力是有限的，维持和平的装备很有效，但如果打仗这些装备就不行了。因此，我认为维和行动还是要强调它的政治属性，要坚持政治解决冲突，坚持劝和促谈，保持中立，慎用武力。

第二是要加速维和人员的现代化建设，提高人员素质，增强维和行动的行动能力。维和行动的装备应该是现代化的配置，维和人员应是精干、专业的。

第三是要保证联合国维和人员的安全，同时加强对维和人员的纪律约束。维和人员的安全问题是需要重点关注的，现在维和人员每年的死亡人数约为 100 人，这是个很大的数字。安全问题需要联合国多做工作，也需要各个维和任务区自己加强安全设施，同时也要加强维和人员行为方面的教育，防范并采取相关措施。

第四是要加大国际合作与协调，建立全球伙伴关系。联合国维和行动是联合国维持和平与安全的重要手段，是联合国承担的历史使命和国际担当。联合国维和行动今后还将不断发展，对维护世界和平是很重要的一项工作，前途还是很光明的。

五

中国积极参与联合国维和行动

1990 年以来，中国先后派出军人、警察和文职人员共 3 万多人次参加联合国维和行动，牺牲 23 人。目前，中国在 9 个任务区共派出军人、警察 3000 人，多数部署在非洲地区。2016—2019 年，中国承担 10. 24% 的联合国维和摊款，是第二大出资国。

1971 年，联合国通过第 2758 号决议，决定恢复中华人民共和国在联合国的合法席位，从那时起我们就直接参与了联合国的一些活动。1978 年中国改革开放后，在改革开放方针指引下，中国逐步参与联合国事务。我们对联合国的任务、作用有一个观察、参与的过程。对于联合国维和行动的立场我们也有一些调整，原来是持批评态度、不参与，后来是逐步参与，这段时间是比较长的。

中国是联合国安理会常任理事国，维和行动是联合国安理会一个非常重要的议题，经常开会讨论并通过相应决议。如果中国不派人参加联合国维和行动，那我们的发言权就没有了。只有参与维和行动，我们才能在联合国安理会更好发挥作用，这个认知大家是一致的。此外，时任联合国秘书长德奎利亚尔也多次请我领导人考虑派人参加联合国维和行动。1982—1986 年，著名画家刘海粟的儿子刘虎担任联合国主管维持和平行动的助理秘书长，他和许多朋友也积极建议中国参加联合国维和行动。

1988 年，中国加入“联合国维持和平行动”特别委员会；1990 年，中国派出 5 名军事观察员参与维和行动；1992 年，中国派出工程大队参加联合国柬埔寨维和行动；2000 年，中国向东帝汶派出 15 名维和警察。2003 年以来，中国先后向刚果（金）、利比里亚、科特迪瓦、黎巴嫩派出维和部队、军事观察员和维和民警。2013 年以来，中国向联合国马里、南苏丹维和行动先后派出 350 人的安全分队和 700 人的步兵营。

中国关于联合国维和行动的主张是非常明确的：一是国际维和行动应由联合国发挥主导作用，由联合国实施或授权；二是坚持联合国维和行动的基本原则，支持联合国维和行动进行改革，提高维和行动效能。

2015 年 9 月，国家主席习近平出席第 70 届联合国大会并发表重要讲话，习近平主席在和平峰会上做出了庄严承诺：第一，中国将加入新的联合国维和能力待命机制，决定为此率先组建常备成建制维和警队，并建设 8000 人规模的维和待命部队；第二，中国将积极考虑应联合国要求，派更多工程、运输、医疗人员参与维和行动；第三，今后 5 年，中国将为各国培训 2000 名维和人员，开展 10 个扫雷援助项目，包括提供培训和器材；第四，今后 5 年，中国将向非盟提供总额为 1 亿美元的无偿军事援助，以支持非洲常备军和危机应对快速反应部队建设；第五，中国将向联合国在非洲的维和行动部署首支直升机分队；第六，中国—联合国和平与发展基金的部分资金将用于支持联合国维和行动。

关于中国为什么要参与联合国的维和行动的问题，我认为中国主要出于以下三点动机：

一是中国坚持和平外交政策。中国是联合国安理会常任理事国，参加联合国维和行动体现了大国对世界和平的担当。

二是中国军队要提高应对多种安全威胁和执行多样化任务的能力。当前，中国军队除了维护国家安全，保卫国家主权和领土完整外，还要承担国际义务，维护世界和平。美国有一种说法叫“非战争军事行动”，我们称为多样化军事行动，因为在和平时期，军队除了准备打仗还有别的事情，还有抢险救灾、海上护航等其他行动，维和行动只是其中一个。

三是维护地区和平与稳定，促进世界和平与发展。中国与冲突发生的地区与国家有着传统友谊，保持地区稳定有利于维护和平的国际环境，有利于中国的和平与发展。

欢迎同学们关注、支持、参与联合国维和行动。希望大家开拓国际视野，树立和平理念，为中华民族的伟大复兴及世界和平与发展做出贡献。

第五讲

大使夫人的公共外交

— 侣海林 —

尊敬的北京语言大学师生们，你们好！今天我给大家汇报的题目是“大使夫人的公共外交”，实际上就是“夫人外交”。国家外交的主战场一般是国家领导人之间的访问、会谈、会见、谈判、交涉、抗议等，夫人外交实际上是一种外交的补充，我们可以称之为“软外交”。除了外交部，国家其他部门也会进行对外交往，但是它们不叫“外交办公室”（Diplomatic Affairs Office），而是称为“外事办公室”（Foreign Affairs Office），这两者是有区别的。

我先生（指李保东大使，下同，编者注）2010 年 2 月被调派到纽约联合国总部担任特命全权代表，代表中华人民共和国常驻联合国。那年上海举办了世博会，我是看完了世博会于 5 月下旬才去纽约随任的，我以为纽约的大使夫人们会对上海世博会感兴趣，到了纽约却发现没有人问上海世博会的事。

一

初到纽约，组织义卖

我刚到纽约就被通知，联合国秘书长潘基文的夫人和其他一些大使夫人联合发起义卖活动，义卖所得捐给联合国中央紧急应对基金（CERF）——一个针对世界上发生巨大自然灾害的国家提供紧急救援的基金。我首先了解了这个基金的情况，知道了该基金接受各国政府、企业和个人的捐赠，中国已经捐赠了4年（从2007年开始），每年是50万美元，4年是200万美元，2010年海地发生地震的时候我们又捐了100万美元，一共是300万美元（到2017年为止，中国共捐赠650万美元）。而CERF在2008年向我汶川地震捐款8045731美元，2010年向我玉树地震捐款4719705美元，两次合计12765436美元（1276万多美元），这个基金对我们的援助额远远超过了我们对它的捐赠额。我把这个情况告诉了负责这项活动的妇女小组成员，大家认识到此次义卖的意义，积极性调动起来了，马上认真地组织和筹备，并把义卖得来的钱捐给了CERF。

二

内部工作，亲历亲为

做好妇女小组的工作，为增强内部凝聚力增砖添瓦。

在纽约的第一年，我利用代表团妇女小组组长的身份，在这个平台上于代表团内部做了一系列事情，先是成立了几个兴趣小组，包括烹饪、唱歌、朗诵、钢琴、太极、瑜伽、跳舞、缝纫、书法、国际象棋等，组织外交官的爸爸妈妈、公公婆婆成立“夕阳红”合唱团，活跃团里的生活。我充分利用当地和我们团里的人才资源，组织了一系列讲座。如我们团里有位参赞的丈夫是大学教授，是研究玉文化的博士，我就邀请他给我们做了一个关于玉文化的讲座；请纽约的华人画家为我们讲西方美术史，听了以后再观看纽约大都会艺术馆的绘画感觉就不一样了；请美丽使者靳羽西为大家讲如何做个美丽女人；请国际钢琴明星郎朗讲他的成长史；请总领馆精通酒文化的同志来讲如何鉴别、品尝红酒；邀请到联合国开会或到纽约交流访问的同志为我们讲课，包括妇女工作现状、现代舞文化、超像绘画艺术、易经文化等；邀请团里的外交官就当前热点问题给大家做报告，如国际法的应用、伊核问题、南海问题等等。这些讲座增加知识，提升内涵，修身养性，受到团里外交官、职员、家属们由衷的喜爱和欢迎。另外，我在团里还组织了包饺子比赛、烹饪比赛、集体出游等活动，每场活动我们都精心策划，精心组织，关注细节，活动效果特别好。每次团里举行这种大型活动的时候，全团出动，就像过节一样，大家都兴高采烈的。我经常跟大家说：百年修得同船渡，千年修得共枕眠，我们能千里迢迢在纽约相聚相知，共同生活好几年，就是百年修得的缘分，大家一定要珍惜，利用这个机会多交朋友，多学习，不枉纽约行。大家反映，夫人来了以后团里气氛大变样，就像一个大家庭，大家都成了朋友，增强了团里的凝聚力。

三

解除后顾之忧，成立中文学校

刚到纽约的时候，听到团里一些同事讲孩子的受教育问题，孩子在国外不能学中文，等外交官回国后，孩子无法通过中文考试，这成了外交官们的后顾之忧。我把解除外交官们的后顾之忧当做自己的责任。我查看档案，召集做过教育工作的家属们开会，听取她（他）们的意见，召集家长们开会商量如何办学、是否可以交些学费。在外交机构里办学是一件极其困难的事，我们没有国内派来的老师、资金、教材、人力，什么都没有，因为外事经费是不能给个人的，所以想拿点儿钱给个人作为酬劳根本不行。我想方设法，排除万难，在团党委的支持下（拿出一套住房作为教室，购置了课桌、课椅、白板），9 月 8 日中国常驻联合国代表团的中文学校正式开学。我担任校长，老师由有爱心的外交官家属担任，教材用复印机复印。我们除了教授语文，还开设了书法课、乒乓球课，有些孩子的书法已经写得有模有样了，乒乓球从球都打不着到打得相当不错，为孩子们打下了童子功的基础。我们组织学生和家长走出去参观虎展，游览动物园、海洋公园，出游回来都要写一篇作文；组织朗诵比赛、召开运动会；观看《弟子规》等教学片，要求学生背诵《弟子规》《三字经》，接受传统教育；召开校长与学生的对话会进行品德教育；请在美国上小学并出了书的联合国职员子弟来与学生们座谈，启迪智慧。后来，我们做到了学校的教学进度跟北京的教学进度一样，这样我们的孩子回来转学就非常容易了。有家长回来以后跟我讲，孩子刚回来参加考试就考了全班第一名，我非常高兴，觉得付出多大的辛苦都是值得的。

接下来，我主要讲一下对外工作。

四

当选“妇女国际论坛”主席

纽约有一个很有声望的大使夫人的国际组织，叫“妇女国际论坛”（Women's international Forum，简称 WIF，下同，编者注）。这个论坛是 1975 年成立的，有 200—300 名成员，在联合国还有办公室，每个月举行一次演讲会，邀请的都是非常有名望的人士，谈的都是国际上的热点话题和大家感兴趣的题目。我到纽约没多久，这个论坛的执委会吸纳我为执委会成员，开会的时候大家都是直来直去的，有时候甚至争吵不休，如果意见分歧很大，最后的解决方法就是投票，少数服从多数。2011 年，论坛的主席（马来西亚大使夫人）要随先生被调回国内，需要选举新的主席。执委会中的一位欧洲大使夫人进行了拉票工作，也给我打过电话，表明了想当主席的心愿。我也接到其他大使夫人的电话，提出希望我来竞选主席，我表示自己加入组织时间不长，无意竞选主席。随后又有好几个人找我，游说我当这个主席，但我一直没有答应。那天开会的时候，即将离任的马来西亚大使夫人说，我要离任了，咱们要差额选举出新的主席。话音未落，那个欧洲大使夫人马上说："I want to be the president. "（我想当主席。）我座位两边的大使夫人对我说："Hailin, Say you want to be the president. "（海林，快说你要当主席。）我看实在推脱不掉了，反正是差额选举，就说：我们中国人行事比较低调，我们不习惯说"I want to be the president"，如果你们信任我，"I 'd like to try. "（我愿意试试）。她们马上说，海林要竞选主席。主席开始给大家发纸条，想选谁就把谁的名字写在纸条上。经过唱票，我多票当选为主席。

当选主席后，我还是懵懵懂懂的，其他人就看着我说，主席您现在要决定下一期会议要什么时候开，两个演讲会之间我们要开一次执委会。我看了看演讲时间，说就 15 号开会吧。那个竞选主席失败的大使夫人马上说那天她不在。我说，那咱们 14 号？她说 14 号她也不在，我说那就 13 号？她不说话了，最后会议定在了 13 号。到了 13 号那天，我才知道她为什么不敢说她不在了，因为那天晚上有一场宴请，我和我先生都被她和她先生邀请去她家参加宴请，所以她肯定是在的。

13 号上午开会是我主持，结果她没来，当时投票支持她的人也没来。没来我们的会议照样得开，我首先感谢大家信任我，选我做主席，然后又称赞了落选大使夫人，说她为我们 WIF 做出了非常大的贡献，不但把他们的总统请到我们 WIF 来演讲，还把他们代表团的一些桌椅板凳都拿到我们办公室。我接着把那些没来的人也称赞了一番，最后再把在座的每个人都夸奖了一番。然后我跟大家讲："We are family. "我说：我们这些各国来的大使夫人，我们的文化背景、教育背景、家庭背景、宗教信仰都不一样，我们连肤色也不一样，我们凑在一起，又花时间又花精力，为的是什么？因为我们是一个 family，等我们离开纽约的时候，这段经历将会令我们永生难忘，我们也会成为最好的朋友。我这些话最后都成经典了，后来的主席们基本上都采用我这个表达。

尽管她们没有来，我也知道我这些话会传到她们的耳朵里。等到第二次开会的时候，人全部到齐了，大家都喜笑颜开的，好像什么事都没有发生过一样。

我第一次主持演讲会的经历想跟大家分享一下。演讲开始前，其他大使夫人对我说你要到门口去接一下演讲者，演讲者是纽约大都会博物馆的馆长，之前我并不认识他，我就站在联合国门外等，人群熙熙攘攘的，我看看这个，看看那个，不知道哪个是馆长。最后我看到一个觉得有点像，过去一问果真是，就把他们带了进来。连接投影的时候，电脑和投影不匹配，现场有个工作人员在帮忙，我发现主席台上没有水杯和饮用水，便问那个工作人员。他非常客气地跟我说：夫人，这个事不归我管，不过我可以帮你问问。在演讲台上折腾来折腾去，下边听众都大眼瞪小眼地看着我们，随后加拿大大使夫人对我说，安抚一下大家的情绪。我就赶紧跟大家表示歉意，说电脑和投影不匹配，现在正在处理。我跟馆长说，您能不能先讲，他说不行，没投影他讲不了。最后，耽误了半天，终于开讲了。

这次演讲会后，我就开始立规矩了，我说咱们不是有分工吗？如果对分工有意见可以调整，但一旦确定了分工就要各尽其责。今后负责订会场的要负责桌子上的水杯、冰水、名牌。因为演讲者都是由一位论坛执委会成员邀请的，今后谁邀请的演讲者谁就到门口去接人，而且演讲者需提前十分钟或一刻钟到场，把现场的所有设备都调试好。我讲完后，大家都特别高兴，说就该这样，上一任主席什么事情都是自己干，大家还意见一大堆，一开会就冲她吼。等到第二次演讲会的时候，我提前一刻钟到了现场，发现准备工作全部就绪，这些大使夫人的能力都非常强，我根本就不用着急了。后来大家觉得这个分工挺好，我也不那么辛苦了，以后就一切都按照程序走了。

但是，也有危机的时候。有一次，负责入门卡的摩洛哥大使夫人给我打电话说，不好了，出事了，只有 18 个人领了入门卡，给我们的这个会议厅是可以装 500—600 人的大厅。邀请的演讲嘉宾是来自非洲的一位医生，这个医生因救助过很多战乱中的女性而被授予国际奖项，但是大家对这位医生做的事情不太感兴趣，碰巧那天又下雨，所以来的人特别少。我镇定地说，别着急，马上通知我们所有执委会的成员，请她们安排各自代表团的人员来听演讲。我们中国代表团组织了 30—40 人过去，干部们都有工作，去的大都是配偶和干部的爸爸妈妈们，有的英语都听不懂。演讲的会场有三竖列，有两个走道，等我到达会场的时候，中间一列已经全部坐满了，这个危机算是过去了。

到后来我觉得压力也挺大的。现在的智利总统巴切莱特当时担任联合国妇女署执行主任，我们论坛的成员邀请她来做演讲，开始她也答应了，但是快到演讲的时候，她办公室突然通知我们她不在纽约，没法演讲了。因为会场是提前订好的，时间又不能改变，所以要马上找到演讲者填补这个空缺。后来我们终于又找到了一个人来演讲，虽然有惊无险，但是在没有解决问题时真是睡觉都会惊醒，这个事情让我感觉到压力太大了。按照规定，我们论坛主席的任期是两年，有次在会上我提议能否把任期改为一年，大家都轮流担任这个主席。墨西哥大使夫人听完就说：你是想辞职还是想改章程？我一听，觉得这下严重了，别吭气了，老老实实再干一年吧。

后来发生了一件事情。我和先生回国休假时，我通过电子邮件和纽约这边联系后得知，我不在的期间，由副主席主持的一次会议上出了一点状况，不知道什么原因，她把我们的一个成员给说哭了，大家都特别不高兴。我都已经确定回纽约的日期了，但这位副主席一定要在我回去之前再开一次会议，大家都说为什么不等到海林回来再开，就抵制了她的这次会议。我回纽约后召集大家开会，这位副主席因有事不能出席，她发邮件对我说她很不高兴，问我为什么在她不在的时候开会，我说每次开会都有人请假，我不在的时候你们不也照常开会吗？她又说道：我不在的期间你们不能决定任何重大事情，还对于什么是重大事情列举了很多。看完这封邮件，我觉得太过分了，我作为主席都没这样要求，你作为副主席还提这么多无理要求，所以我就没回她这封邮件。在会议上，大家纷纷表达了对她的不满，基本上开成了针对她的控诉会。为避免影响 WIF 的声誉，我立了一条规矩，即组织内出现的问题我们内部解决，不要在外面议论此事。副主席听到一些风声，跟我说需要与我开个会，我说可以，就把她请到我的官邸去了。在官邸里，她对我说：记得之前有一次讨论事情，有个成员不在，你就说她不在咱们先不讨论，那为什么我不在的时候你就允许别人对我说三道四。我一听就知道她是来兴师问罪的，就跟她讲，开会时有人想发表意见你能不让人家说话吗？有什么意见还是让大家说出来好，总比在会后嘀嘀咕咕好吧？她接着说，你不觉得应该和我说些什么吗？我没有告诉她谁讲了什么，而是跟她说：其实大家想要的就是尊重。我跟她谈了 3 个小时，在这期间，她从兴师问罪到喜笑颜开，再到后来留下眼泪，并三次拥抱我，说太高兴由我担任这个主席了，太高兴有我这样的朋友了。等到下次再开会的时候，大家都冰释前嫌了，互相拥抱、贴脸，一片祥和的景象。大家还争先恐后地多做事情，会议开得特别愉快。后来有次活动中，一位大使对我大加赞赏，说："大家都很佩服你，你很有能力，很有本事，大家都觉得很棘手的问题、不好办的事，你用你的方法不显山不露水，就风平浪静地解决了。"我想他肯定是听他夫人说的。

在纽约的外交圈子里，老外们觉得我是一个幽默的人，其实我说的都是大实话。我先生曾在 WIF 演讲过一次，那时我还不是主席，她们让我介绍演讲人，我说因为演讲者是我丈夫，所以我对他的了解比你们多一些，我讲完下面就笑成一片。有个美国朋友对我说：我们很喜欢你，你很幽默。我回问："Am I?"（我幽默吗?）她说："This's. "（这就是幽默。）老外很喜欢有幽默感的人。

五

做慈善活动，赢得赞誉

在纽约常驻的很多大使夫人都非常活跃，总想做善事。2011 年 3 月 11 日，日本发生地震引发海啸，日本大使夫人特别伤心，一直哭，也不知道该怎么办。于是，土耳其、马里、巴布亚新几内亚三位大使夫人出面，给大使夫人们发了电子邮件，通知大家开会商量如何帮助日本大使夫人。我到了之后，发现有三四十个大使夫人在场，大家一起商量搞一个“Women for Japan”的活动，针对日本发生海啸引起核泄漏这一特大灾害进行募捐，并把得到的钱款捐给日本红十字会。对于募捐的形式，大家想了好多种，最后决定在面积最大的中国代表团的多功能厅举办一次午餐会，午餐会的票价定为 100 美元，由大使夫人认领门票出售给自己的朋友，没想到门票很快售卖一空。肯尼亚大使说：你卖 100 美元，我出 300 美元。我们又决定把自己的门票都拿出来售卖，我们站在边上。本来只能容纳 20 张桌子的多功能厅最后摆了 24 张桌子，不够的餐桌、餐椅、餐具、桌布等物品都是由各国大使夫人提供的，所有的饭菜都由各国使团的厨师来做。由于我在外交部礼宾司工作过十年，所以我对礼节上的事情非常认真细致，最后午餐会举办得非常成功，没有出任何差错。

午餐会上，潘基文夫人、日本大使夫人以及召集这次募捐活动的三位大使夫人分别讲了话，最后她们让我上台说一句请大家去取食的话，因为每位发言的大使夫人都提到非常感谢海林，我可不能贪天功为己有，所以等轮到我说话的时候，我就说：“这个午餐会虽然在中国代表团举办，但这不是中国代表团的，而是联合国大使夫人们的午餐会，这里所有的食物、喝的饮料、桌椅板凳、摆的鲜花都是各国提供的，要感谢所有参与活动的大使夫人们和她们的代表团!”我不是念稿子，讲话时慷慨激昂，因此赢得了热烈的掌声。活动结束的时候，大家对活动赞不绝口，有位高高大大的美国人对我说：“I don’t know whom you are, but I love you.”这场活动没有请媒体，日本大使夫人提出让日本电视台记者采访，我请示得到批准后允许日本两名记者进场进行短暂录像，因此日本电视台进行了滚动报道。尽管这是联合国大使夫人的善举，而且是在纽约，但由于是在中国代表团里举行，对于敏感的中日关系而言就像寒冬里的一碗热粥，耐人寻味。

这个活动结束后，隔了一年，亚太地区的大使夫人组织又想做善事了，要搞一个“Women for Children”的活动，为联合国儿童基金会（原名联合国国际儿童紧急救援基金会，UNICEF）募捐。我们这次举办的活动是时装表演会，地点还是在中国代表团，组织工作又成了我的事。纽约的时装周是很有名的，但每场秀也就是20来个模特走个20来分钟。我们的时装秀有来自6个地区（东北亚、东南亚、西亚、南亚、中东、太平洋岛国）的驻联合国代表团的外交官、配偶、子女组成的模特共70多人，他们在租的T台上表演了一个多小时。每个国家的模特一上场就配有本国的民族音乐，由本地区的代表讲解本地区民族服饰的特点，各国的民族服饰就像天上的繁星，璀璨夺目，异彩纷呈，最后所有参与的大使夫人全部上台走秀，整个表演精彩绝伦，全场至始至终洋溢着欢快祥和的气氛，掌声笑声不断，成为纽约的一大盛事。最后每张80美元的门票卖了400张，全部捐给了联合国儿童基金会。

六

传播中国文化，成为跨文化交流的使者

（一）在纽约讲了5场中医养生，被传为“名医”

在美国的3年多时间里，我尽力去传播中国文化，以宣传中国文化为己任。纽约有两个妇女俱乐部，分别是克罗尼俱乐部（Colony Club）和四海为家俱乐部（Cosmopolitan Club），这两个俱乐部都有100多年的历史了。当时纽约的俱乐部有很多，但都是男人俱乐部，女人是不能进去的，后来一些女社会名流捐钱募款分别盖了这两个大楼，成立了两个俱乐部。我成为这两个俱乐部的特邀会员（联合国有200多位大使夫人，纽约的女性俱乐部只邀请了30几位大使夫人作为会员）。有一次四海为家俱乐部国际委员会的主席提出想让我给她们做一个关于中医的讲座，我说这我可讲不了，随便说两句可以，但是做个讲座肯定不行。她说：海林，你讲什么我们都愿意听。这句话让我推脱不了了，于是趁回北京的时候，我赶紧买书、找资料，西苑中医院帮了很大的忙，给了我一本他们培训外国人的教材，使我知道了中医对应的英文词。为了准备这个讲座，我每天除了正常的活动外，所有的空余时间全用来恶补中医知识，然后理出头绪，按自己对中医的理解准备了演讲稿。

开讲的时候，我现身说法，说自己上岁数以后身体开始出现各种各样的状况，又不想整天吃药，后来发现中医提倡的“食补比药补好，心补比食补好”很合自己的心意。通过学习，我又发现中医所蕴含的知识博大精深，非常丰富，这些知识是人类的智慧，应当为各国人民所共享。此语卸除了听众对中国文化抗拒的心理篱笆。然后我又讲了中医和西医的区别，与西医分科不同，中医把人看做一个整体，人体各器官之间都是有联系的。随后我又讲了阴阳、五行、五色、脏腑、经络、穴位季节、时辰等中医理论。我在讲的过程中，尽量用外国人听得懂的语言，比如中医有句话叫“气为血之帅，血为气之母”，如果直译成“Qi is the general of blood, the blood is the mother of Qi”，谁能听得懂？所以我是这样讲的：血液为什么可以在血管里循环流动，做个人工的人体血管系统，水在里面为什么就流动不起来？因为有一种能量叫“气”，气可以推动血液流动，气足血就流动得畅，气亏血就流动得缓，所以气就是血的 general；而气又是如何产生的呢？我们通过消化饮食，生成血液，产生能量，生成“气”，所以血是气的 mother。一个学过中医的朋友对我说，这样给外国人讲中医的确通俗易懂。给我规定的讲座时间是 2 个小时，我就整整讲了 2 个小时，不给她们留出提问的时间，以免遇到我回答不了的问题。

讲座非常成功。之后，不断有人邀请我，2011 年我一共讲了 5 场关于中医的讲座，其中 3 场是用英文讲的，2 场（华人社区和代表团）是用中文讲的。后来有传闻说中国大使夫人是医生，最后传成中国大使夫人是名医。

（二）举办 UNDWC 茶会，形成“海林品牌”

联合国有一个各国代表团的妇女俱乐部（UNDWC），这个俱乐部每个月办一次茶会，茶会由各国轮流办，展示各国文化，形式异彩纷呈。俱乐部执委会让中国代表团于 2012 年 4 月举办茶会，代表团妇女小组成员经过讨论决定办一场文艺演出。我们组织了一台节目，2 月份团里刚搞过春晚，就从中选了优秀的节目，有后勤部门热情洋溢的欢迎舞、舞蹈队 12 人优美热烈的拉丁舞、外交官孩子精彩的笛子独奏等。我们还邀请了纽约华人中的文艺人才来表演，其中有得过冠军的夫妇表演美轮美奂的太极剑，武术学校的孩子们表演阳刚帅气的武术，教我们跳拉丁舞的老师表演专业的拉丁舞，培养出很多古筝大师的太师带着弟子们表演自创的气势磅礴的古筝曲《战台风》，经常业余演出的唱歌爱好者演唱男女美声二重唱，掌声都快掀了屋顶。60 多岁的我也亲自参加了拉丁舞的表演，结果我们这节目一上场，观众都站起来了，欢呼雀跃、掌声不断。拉丁舞老师不解地问：都是拉丁舞，为什么你们的掌声要比我们的热烈得多？团里的人告诉他，这些人都是我们大使夫人的朋友，看到大使夫人上台表演自然高兴得不得了。参加演出的华人感慨地说：夫人的气场太大了。演出结束后，有美国朋友跟我说，从来没有大使夫人为我们表演过跳舞，你太棒了。有一个大使夫人跟我说：海林，我们没有你们这样的侨胞资源。另一个大使夫人跟我说：以前的茶会是“Nothing”，以后的也没法搞了，压力太大了，谁也达不到你这个水平。我安抚说，各国文化特色不同，都很精彩，我每次参加别国茶会活动都很享受不同的文化。有个美国朋友跟我说：海林，请你一定要把我的名字放在你的名册上，只要我在纽约，你的活动我一定参加。从此，在讲究品牌效应的纽约，海林举办的活动也成了 TOP 品牌了。

（三）教老外包饺子，效果意想不到

我最成功、最得意的活动是我们举办的包饺子派对（The Dumpling Party）。2012 年年初，代表团妇女小组订计划时决定于 11 月 8 日搞一场文化外交活动，内容是教老外包饺子。按我们的工作程序，活动主办人先在我的授意下写了个策划方案，经过多次修改后报团领导审批，落实方案时要有明确分工。我的经验是：精心策划、细节周到、分工明确、责任到人、现场落实，没有活动搞不成功的。活动前一晚，我召集所有参与活动的工作人员开会，阐明活动意义、任务内容、到岗时间、服装要求、纪律规则等。

我们发给老外的邀请函上有一个编号，凭邀请函可以领到同一个编号的纸袋，袋子里有一个锡纸托盘（用来装包好的饺子）、两个塑料案板（用来撒薄面、擀饺子皮）、一个小的擀面杖（用来擀饺子皮）、一个围裙，还有写着饺子历史和包饺子方法的材料。入场前，每个人都要

领一个不干胶彩色小圆卡片，贴在胸前，凭卡片的颜色找到自己的桌子，桌上已摆好一人一份的面团和肉馅（清真的），每张桌子上还有一个碗，装着用彩纸做的小球，用于选举投票。每张桌子有两名教师（由外交官或家属组成，必有一人会擀皮，必有一人会英语）对面而站。

活动那天，近 80 位大使夫人和美国朋友戴上了不同颜色的围裙，顿时没有了平时的矜持。大家纷纷拍照留下这难得的可爱形象，活动还没有开始，现场已经热气腾腾。在开场白中，我调侃地坦白昨天那场大雪令我十分纠结，如果今天大雪仍然不停，很多人就不能出席，那么准备了这么久的活动就失败了。我祈祷菩萨保佑，但不知中国的菩萨管不管美国的天气？早上起来打开窗帘一看，晴空万里，一晚上的风把地上的积雪吹得干干净净，中国的菩萨真帮忙！一席话引得大家哄堂大笑。我给大家讲了饺子文化，以及包饺子和煮饺子的方法。每桌的教师都尽职尽责，大家学得津津有味，评出本桌最佳饺子参加总评选，通过投票选出一、二、三等奖和优秀奖。我记得比利时大使夫人、联合国秘书长潘基文夫人、摩洛哥大使夫人分别得了前三名。最后大家品尝了由我们代表团为她们做的 4 种颜色 4 种馅儿的饺子（用不同颜色的蔬菜汁和面做的饺子皮包的饺子）和其他菜肴。她们自己包的饺子则用大保鲜膜包好带回家。这场活动办得效果出奇地好。活动结束后有人对我说：海林，以前我对饺子没感觉，现在一看到饺子就激动。她们纷纷告诉我说把饺子拿回去煮给家里人吃，家里人都说好吃。有人说，海林，你的饺子派对我印象太深刻了，我已经把这场活动告诉了亲朋好友，见谁就跟谁说，她们都很羡慕我能有这么有意思的体验。到现在我离开美国已经 4 年了，每次回纽约见到朋友们，她们还会提到饺子派对，发自内心地感谢海林给她们带来了美好的回忆和愉悦的精神享受。我都没想到活动效果会这么好，影响会这么大。

七

中国之行，改善了中国形象

我刚到纽约的时候，就有大使夫人跟我建议让我组织她们去中国访问，我问钱谁出？她们说你们国家出。我觉得这事难度太大，所以就一直没办，后来将要离开纽约回国的时候，我想再不组织就没时间了，所以在请示了大使后开始筹备大使夫人访问中国的活动。在企业和妇联的资助下，在 2013 年 5 月和 6 月我分别组织了两个访华团，每个团的规模是 15 人。这些大使夫人都没来过中国，之前对中国是有一些偏见的。来了以后，她们都说，这次中国之行完全颠覆了她们对中国的看法，没想到中国这么干净美丽，人们这么热情友好。之前她们对中国的印象就来自于唐人街，认为一定是又脏又乱的，到了中国以后才发现原来中国是这么干净整洁。不管我们到哪个城市都是绿树成荫、红花锦簇、干干净净的，我感到特别自豪。她们还说中国人特别热情，我们的大街小巷有很多跳舞的，她们看到就会特别高兴地跟着一起跳。我安排她们住五星级酒店，在华 11 天吃饭不重样。后来在杭州和重庆遇到两个金牌导游，均有 20 多年导游经验，各种数据、知识全装在脑子里，不管讲什么都头头是道，特别好。但有的地方上的年轻导游就差一些，很多东西讲不出来，于是我就自己做起了导游，结合所看到的景观给他们介绍中国的历史、文化、建筑等，帮助她们了解历史的中国和现代的中国。记得参观深圳的规划馆时，我指着一张照片说，对深圳当初是有争议的，照片上的人是当时的广东省委书记，他支持了深圳的改革开放，他就是现任国家主席的父亲，这引起了她们极大的兴趣。她们做笔记，提问题，所有人都说对中国印象特别深刻，说此行改变了对中国原来的印象。临别时，她们还给我搞了一个 party，瞒着我买了蛋糕、蜡烛、香槟，每个人都说了一大堆感谢的话，都说得特别好。我真后悔当时没找人帮我记下来，那都是特别好的词，夸我们的国家，夸我什么的。我真是高兴、幸福得不得了，觉得付出多少辛苦都值得。

因为两个访问团中间相隔 10 天，所以我就没回纽约，一直在国内等她们。第二批访问团来的时候告诉我，几乎全纽约都知道了“中国行”，全都在议论这个“中国行”。参团的人不停地跟我说，自己和家人经常旅游，去过很多国家，但这次访华旅游是最好的，是终身难忘的。第二个团访华还没有结束时，联合国秘书长潘基文夫妇访华，我赶回北京参加接待工作。他们一见到我就激动地叫着我的名字向我走来，我还不知道怎么回事。国务委员杨洁篪夫妇请他们吃饭时，我和我先生作陪。席间，潘基文问杨国委是否知道在纽约哪个女人最厉害？杨国委回答：是您夫人。潘基文说：不不不，是海林。大使夫人访华活动的成功令我后悔没有早早办这件事，如果我每年组织两个团，那影响面就更大了。

回到纽约以后，虽然离回国的日子已经很近了，但我还是争分夺秒、不失时机地举办了一个照片展活动（Picture Party），把访华团成员在中国拍摄的照片冲洗出来分组展示。第一个团 11 天参访了 7 个城市，第二个团参访了 6 个城市，两个团参访的是不一样的城市，照片按城市展出，上面还展出了中国的食物、建筑、人物等。我的助理专门做了一个配有音乐和解说的照片演示幻灯片。这次展示活动，我邀请了 100 多人参加，让这些到过中国的大使夫人们来讲中国的故事，继续扩大活动的影响力。在展示照片和视频的时候，那些去了中国的人大多激动地流下了眼泪，很多没去的人直后悔错失了良机，很多人表达了对中国的兴趣，希望自己有生之年一定要去中国看看。

八

适时站出来，驳斥不实之词，维护中国形象

在纽约的时候我听了两个演讲，一个是前美国驻非洲大使做的，一个是基辛格做的。前美国驻非洲大使的演讲是在四海为家俱乐部举行的，他在非洲待了二三十年，对非洲非常了解。演讲进入问答环节，有的听众在提问的时候就针对我们中国，说中国在非洲掠夺资源、奴役那里的劳工等。但大使很好，并没有攻击我们，他讲得很客观。我想，作为大使夫人，我不能任凭他们这么攻击我们，我得发声。于是，我就举手发言说：有些美国朋友之所以提到中国掠夺非洲资源的问题，可能是因为对一些情况不是特别了解，我们中国在非洲进行了大量的援助，我们向非洲提供无息贷款，甚至免除债务。当年在我们中国很贫穷的时候，我们还帮助非洲建造了坦赞铁路，有很多中国人都牺牲在那里。在他们求助一些发达国家，这些国家说造不了的情况下，他们来找中国。中国那时候非常贫穷，但是我们毛主席说，非洲朋友求到我们头上，我们应该帮助他们，当时我们真的是勒紧裤腰带，因为我们国家也没有这些设备，我们就从别的国家进口设备到非洲去援助他们，建成了坦赞铁路。现在，我们的经济实力逐步增强了，我们更有能力帮助我们的非洲兄弟，因为我们知道中华人民共和国恢复在联合国的合法席位，是非洲兄弟把我们抬进去的。我们中国有句古话叫“滴水之恩当涌泉相报”，所以我们在非洲建了很多铁路、公路，给他们建房子、医院、学校、运动场、议会大厦。试问，在帮助非洲朋友们改善他们的生活状况和社会环境方面，世界上有哪个国家比中国做得多？我们是非洲兄弟真正的朋友，怎么能说我们去掠夺资源、奴役劳工呢？我讲完后有很多非洲大使

和夫人使劲给我鼓掌，前美国驻非大使也非常肯定，说中国在非洲做了很多很多事情，很多都是无偿地帮助人家。

基辛格是在克罗尼俱乐部做的演讲。他曾经写了一本书，叫做《论中国》（*On China*），他是第一个踏进中国土地的美国在任国务卿，当时他在巴基斯坦访问，后来广播公布基辛格生病了，住在山上的一家酒店休养。我那时在黑龙江生产建设兵团务工，听到这个新闻就觉得有点奇怪，我的直觉那是条掩人耳目的消息，他是到中国来了。基辛格访华是为尼克松访问打前站的，因为两国没有外交关系，所以这是绝密，外交部也极少人知道。但是我当时就想他可能到中国来了，事后证明他确实是到中国来了，那次到了讲座现场，见到基辛格我还跟他说起了这件事。后来基辛格几乎每年都要到中国来，即使他卸任政府官员了，但作为一名中国通，他每次来我们国家领导人都会见他。

其实钓鱼岛问题跟他也是有关系的，1971 年美国政府背着中华人民共和国政府，也没有告诉蒋介石集团，故意把钓鱼岛的行政管理权交给了日本人，所以后来才出现直到现在的这个麻烦。钓鱼岛是美国在中日之间埋下的一个楔子，基辛格作为国务卿直接参与并策划了这件事，这个外交谋略是他很得意的一步棋。

本来中日关系还可以继续向前发展，中日两国领导人都说世代友好，搁置争议，共同开发，钓鱼岛的事情留给更有智慧的下一代去解决。但是，这个时候钓鱼岛这个棋被启用了。当时，中、日、韩要进行自由贸易区谈判，我当时在美国就想，中、日、韩建立自由贸易区，那经济力量很大，这是一件不得了的事情，但是美国能让我们搞吗？我还挺怀疑这件事。果不其然，很快发生了 2012 年 4 月 16 日东京都知事扬言“购买”钓鱼岛一事，事后发现这件事他是在美国宣布的。在演讲的时候，基辛格就谈到了这个问题，他觉得这是一步很高明的棋，现场听众露出了会心的微笑。

听演讲的有 400 多人，有主会场，有分会场。演讲后，很多人提问题，所提关于中国的问题十分负面。开始我觉得需要忍耐，忍到最后觉得不行，我得发声，于是我就举手要求发言。我站起来就说，听一个外国人讲中国的事情很有意思，你们美国人把我们中国当做潜在的敌人，而我们中国人则把你们美国人当朋友，为什么？因为我们的文化，因为我们智慧的祖先告诉我们“四海之内皆兄弟”。主持人一听我不是要提问题，就要打断我，说会议要结束了，但我说我还没讲完。我又说道，你们美国只有200多年的历史，而我们中国有文字记载的历史就有5000多年，在美国还没诞生、其他洲都处于很原始状态的时候，我们中国就已经是世界大帝国了，经济总量占到世界的40%。而且，我们比你们崇拜的哥伦布、麦哲伦的航海旅行要早很多年，他们是7条小船，而我们郑和下西洋率领的是上百艘大船组成的船队。在航行中，我们给各国带去了最好的丝绸、茶叶、瓷器等物品，这就是我们中国的文化。中国几千年的历史中，有没有到其他洲去攻打别国、占领别国为殖民地？顶多周边有一些附属国，但他们每年都要从中国拿走多于他们进贡物品很多倍的牛羊、粮食、布匹。中国觉得自己是泱泱大国，他要爱护他的子民、他的附属国。几千年的历史，几千年的文化，能传承到今天，必有道理。我们就是靠这个文化滋养着中华民族，我们再强大也不会侵略你美国，也不会对你美国不好。1840年鸦片战争以后，我们受列强的侵略、瓜分、掠夺，我们割地、赔款，贫穷了，买不起你们美国生产的东西，但是现在我们有点钱了，我们可以去买你们生产的东西了，将近14亿人口的中国就是个巨大的市场。世界上哪个国家有中国这样大的市场能够帮助美国？我在那里慷慨激昂，最后主持人说不行了，必须把我打断。打断以后，演讲一散场，很多人就把我围上了，说我讲得比基辛格讲好。同时，也有从分会场跑过来的年轻人对我说，听你讲了以后我们很想去中国看看。一个老人跟我说，我去过中国，我觉得中国很好，中国人民也很好。大家都围着我争先恐后地讲他们的感言。通过这两场讲座，我觉得该发声时就要发声，有理走遍天下。

九

结交华侨华人朋友，获得敬重和友谊

在纽约，中华人民共和国有两个政府机构，一个是驻联合国代表团，一个是驻纽约总领馆。我先生说，中美双边的事情找总领馆，多边的事情找代表团，所以他一般不参加纽约华侨华人的各类活动，而是集中精力做好联合国的多边外交。纽约的华人华侨有很多组织，而且非常活跃，我征得我先生的同意，由我代表他参加华人活动。因为大使是国家主席的特命全权代表，所以大使夫人的地位也是很高的，因此我会到场，华人朋友们都特别高兴。记得有一次，纽约的侨领们请我吃饭，席间有人说很想不通，他们在纽约和“台独”分子做斗争，但是大陆却请去当“座上宾”。因为当时是马英九在任，大陆跟台湾地区外交休兵。他们期待我的反应。我讲道，什么是外交？外交就是把敌人变成朋友，维护一个和平的世界。如果穷尽了外交的所有手段都不能解决问题，那只有靠战争。而战争是要死人的，是不得已的手段，是能避免尽量避免使用的手段，所以应该先办好外交，把敌人变成朋友。你们在纽约能不能把那些“台独”分子变成不台独，把他们变成你的朋友？或者把那些模棱两可、赞成维持现状的人变成支持、拥护统一的人呢？能办成这些事才是你们的真本事。大家应该想一个问题：我们是朋友越多越好，还是越少越好？难道把这些人都推到我们的对立面和我们做斗争吗？我问完后，席间鸦雀无声，没人说话了。过了一会，大家说你是唯一把这个事情说清楚的，我们现在找到方向了。所以，我在纽约华人圈子里有一定的威信，有很多朋友。有华人朋友说，这个大使夫人没有架子，亲切坦诚贴心，讲话有水平，代表国家很提气。离开纽约后，我每年都回去看看朋友，包括华侨华人朋友，他（她）们关心国家的发展，我和他（她）们见面交流谈心，澄清一些不实之言，消除一些因不了解情况而产生的误解或曲解，受到华侨华人的欢迎。

十二

作为大使夫人，我觉得要有几个基本素质

第一，要懂政治，要有政策水平，知道什么该说什么不该说，什么该做什么不该做。当时，驻联合国的德国和英国大使夫人发起了一个给叙利亚总统夫人写信的活动，信的大致内容是让她来制止屠杀、制止战争，写完后让我们所有的大使夫人都去签名，而且有一次我还看到德国大使夫人在美国有线电视新闻网讲这个事情。由于当时我们没有反对美国设立利比亚禁飞区，北约对利比亚狂轰滥炸，所以这个教训吸取了以后，我们在叙利亚问题上特别谨慎。信写完后，她们也要我签名，讲句老实话，因为她们是站在道德的制高点，所以如果拒绝是很有压力的。我回去请示这个名要不要签，他们说最好不要签，所以我就想办法婉拒了这件事。所以，大使夫人脑子里要有政治，不能想当然地说话做事，尤其是涉及敏感的政治问题，不能随便表态。

第二，要有亲和力，努力多交朋友，化敌为友。具体来讲就是要坦诚，不说别人听不懂的话，但是坦诚不等于骂自己的国家。在纽约，我会看到我们国家某些精英在联合国那种场合批评自己的国家，这让我很不舒服。我们中国是有很多问题，但这些问题也是在发展的过程中出现的问题。我们的法律、机制都存在一些不完善和互相矛盾的地方，我们仅仅用了 30 多年就从一个贫穷落后的国家变成世界第二大经济体，这是一个翻天覆地的变化，但我们的整个社会结构不是那么快就能跟得上

的，我们得允许它慢慢变化。作为大使夫人，我的身份和责任要求我必须维护自己国家的形象。看到报纸上有城管和商贩发生冲突的负面报道等，我就跟外国朋友讲，以前我们中国有非常严格的户籍管理制度，人们自出生以来就被限制在自己的出生地，后来中国对户籍管理制度进行了改革，人员可以自由流动了，就有大批农村人到了城市，所以就产生了这些城市问题。这是我们在发展中遇到的一些问题，我们在想办法解决这些问题。我讲完，外国人都觉得我讲得有道理，可以理解。所以，真实坦诚，实事求是，可以获得理解和信任。

第三，要有智慧。碰到问题要用智慧去化解，而不是回避问题，能回避一时不能回避永远，因为问题还是在那里。一次，一个外国人问我有几个孩子啊，我说我有一个孩子。他接着说道，对，你们国家计划生育，只让生一个孩子，你觉得你们这个政策人道吗？计划生育是我们国家的基本国策，我该怎么回答人家的问题呢？要有智慧，我就讲，我们的传统文化是多子多福，家族人丁兴旺才能不被人欺负，可我们国家制定这个政策还不是为了你们。老外问，怎么是为我们呢？我说，你看现在全世界70亿人，每五人中就有一个中国人，如果我们不控制生育的话，将来可能每两三个人中就有一个中国人。那时候，各国驻联合国的大使可能有一半是中国人，各国总统来联合国开会也可能一半都是中国人，你觉得怎么样？我说完，这位外国人连连说道，那你们还是控制吧。

第四，要有知识。之所以有这么多的外国朋友喜欢我，是因为他们喜欢听我讲话，觉得和我在一起的时候不枯燥、不乏味。无论是政治、经济、军事，还是环境、教育、养生等话题，我都可以跟她们聊。我喜欢学习，遇到新的知识就特别愉快，有些知识会融会贯通。当今社会信息爆炸、知识爆炸，学无止境，然而个人所学永远是沧海一粟。作为大使夫人，要参加各种各样的社交活动，我基本上有请必到，广交朋友，讲中国的故事，因为我比较爱说话，往往是谈话的中心，又加上大家对中国特别感兴趣，总想问点中国的事，所以大家都会围着我。当然，和大使同时参加宴会时，我一般比较安静，是不会喧宾夺主的。俄罗斯大使夫人说：海林与众不同的一点是她充满智慧，听她说话我都好想拿个本子记下来。

美国有一位以她名字命名的高档皮包的老板加设计师是我很好的朋友，我去纽约时，她会专程从棕榈泉飞过来看我。她给我写信说："我有幸在世界各地结识了很多人，但是你的优雅、令人称奇的幽默和你对人生感悟的分享，真的在我的记忆里留下了独特而深刻的印象，认识你是我的荣幸。"

在纽约的时候，有一位大使夫人跟我说，我们因为喜欢你而喜欢中国。听完这句话，我觉得所有的付出和辛苦都是值得的。知道我要离开纽约时，一位大使夫人对我说，海林，你们国家犯了一个错误。我问，什么错误？她说，他们不知道你为你的国家做了什么，他们不该把你调回国。我说，他们的确不知道我做了什么。但他们不是调我回国，而是调我丈夫，我是随他回国。她说，那让他回去吧，你留下！

离开纽约的时候，纽约的一位华人青年精英给我写了一封信，信中写道："亲爱的海林大姐，您为打破华人刻板印象所做的努力令人钦佩，您为提升海外华人形象所做的贡献有目共睹，您为大使夫人的工作社交形成了新概念，您充满自信的个性极富魅力，您的讲话极富感染力，在您身上我学到很多，很受启发。您这位良师益友回国了，我的心里很失落，我们会非常非常非常想念您，保持联系。"外交部的一位朋友对我说："海林，大使夫人做到你这份儿上是做到顶了。"同志们，其实哪有顶啊，我只能说作为大使夫人，无论是对内还是对外，我为自己的先生加分了，为祖国增光了。

我爱我的祖国，我为祖国悠久的历史和灿烂的文化而自豪，我为自己是中国人而自豪。在对外交往中，我有强烈的文化自信，一言一行都要为祖国赢得世界的尊重。谢谢大家！

互动环节

问：我来自哈萨克斯坦，您刚才说了一句话，有些人因为喜欢您而喜欢中国，这说明大使夫人这个位置非常重要。中国政府对大使夫人肯定有一些要求，那具体的要求是什么呢？

答：讲句老实话，我还真不知道国家对大使夫人有什么要求，因为我陪同先生驻外，办了手续就出去了，没人对我提任何要求。但我认为，大使夫人应该懂得国际礼仪礼节。记得某年回国述职的时候正好赶上开使节会议，大使、大使夫人都回来了，所以当时杨洁篪外长的夫人乐爱妹举办了一个大使夫人、总领事夫人的培训班，邀请国际上的礼仪协会副主席给我们讲礼仪。会议上安排了同声传译，关于一些专业词汇（比如大礼服、小礼服），翻译可能不太熟悉，大家有些地方听得不是很明白，提的问题又好像所答非所问，会场上产生了焦躁情绪。我因在礼宾司工作过 10 年，讲过很多场外交礼仪礼节的课，于是站起来帮忙解释一下。她讲的是在外交活动中，什么场合穿大礼服、什么场合穿小礼服，因为她讲的大礼服我们中国没有，而且我们中国人的身材与西方女人前挺后撅的身材不一样，并不适合穿袒胸露肩的大礼服，所以我告诉夫人们，在需要穿大礼服的重大庆典礼仪场合，我们中国女人穿旗袍就可以。大家一听就明白了，心里踏实了。

我觉得作为一名大使夫人，不能干预大使的事，不能干预使团的事。如果你在编，就做好你的本职工作；如果你是编外，工作上的事你就不要管。我在日内瓦的时候是驻日内瓦世界贸易组织代表团参赞，届时被选为亚洲妇女协会主席，当上主席后除了工作和出席必须去的社交活动外，我还要组织协会里的夫人们开展一些活动。到了纽约以后呢，我就是编外了，但我还是挺忙，有的时候我的日程比大使还满，一个活动接一个活动，我的理念就是大使夫人应该做好夫人外交，而做夫人外交的方法就是广交朋友，进行跨文化沟通。但我绝不干预代表团的事情，我只是把自己该负责的事情做好，我是妇女小组组长，于是就把那些儿童的事、家属的事、女同志的事办好。我甚至把帮着带孩子的爸爸妈妈也组织起来，成立了一个“夕阳红”合唱团，让他们唱唱歌，给他们讲怎么穿衣打扮，改变他（她）们只能服务子孙的观念和老气横秋的形象。在我的努力下，整个代表团就像个大家庭，和和睦睦，其乐融融。内部的事情做好的同时还要努力做好夫人外交工作，我想这是对大使夫人的一个要求。在外交部20来年，特别是在礼宾司10年的工作经历对做夫人外交有很大的帮助，加上我的性格比较外向，喜欢说话，喜欢交朋友，所以在外交场合我比较放得开。在税务总局当司领导12年，对提高自己的组织协调能力和管理能力有很大的帮助，对内对外处理事情能做到得心应手、游刃有余。我认为所有的经历都是财富。我组织的活动井井有条，每个细节都考虑周到，由于每场活动都非常成功，后来海林成了一个品牌。一次中国妇联去纽约开会，一些大使夫人请妇联同志吃饭，她们告诉妇联的人说海林在这里是明星。我不觉得自己是明星，但是别人都觉得我非常出色，所以我觉得我给中国人争光了。很多华人也觉得这个大使夫人挺给他们长脸的。土耳其大使夫人在她的告别宴会上说：海林是上帝给我们的礼物。

讲句老实话，在出国之前我都不知道什么名牌，戴首饰什么的我也不懂。知道要当大使夫人了，我就上街买了点那种小耳钉，但是到了国外就发现不行，人家戴的都是比较大方的，我那个有点小气。作为中国大使夫人，咱不能掉价，所以我就观察学习，入乡随俗，后被其他大使夫人称，海林是 same class，是有品味的。

你一旦有了声誉，大家就会非常尊重你，所以我走到哪里都受欢迎，会有很多的朋友。记得我第一次去美国大使馆办签证（回国后不能用外交护照了），他们问我去美国做什么，我说看朋友；他们又问什么朋友，我说，都是大使夫人和美国很多优秀的女士。他们听完二话没说就给我签了。

问：我是北京语言大学国际关系学院的老师，我有一个不是问题的问题，大使夫人在中国公共外交或者文化外交里扮演着一个非常独特的角色。我们每个人都是一张名片，大使夫人就是我们中国最大的一张公共外交名片。在未来中国的公共外交领域，您作为大使夫人，对于我们今后做科研、做研究，包括学习国际政治和国际关系的学生来讲，有没有一个机会来创建一个研究机构，把公共外交领域的夫人外交提高到一个更高的层次？

答：非常好的一个问题。讲实在的，我觉得我们国家对夫人外交重视不够，如果能在大使夫人赴任之前进行有针对性的培训，对大使夫人们，特别是那些不是来自外交口的夫人会有很大的帮助。

我曾听到一位老外在一次宴会上闲聊时讽刺了我们中国的大使夫人。她说，她在某国参加宴会，中国大使夫人就一直微笑着跟这个点点头，跟那个点点头，但是不怎么说话。饭后宴会主人邀请男士们到 library 喝酒、抽雪茄。中国大使夫人说：library 现在还开门吗？（半夜23点）老外说完还嘿嘿地笑了几声。这让我很不舒服，我知道我们中国人是看字典学英文的，字典说 library 是图书馆，就不清楚家里的 library 指的是书房。

如果能对大使夫人进行专门培训，让夫人们相互交流，内容包括外语、国际礼仪礼节、大使夫人职责、怎样去交朋友等，有利于更多的大使夫人做好夫人外交。我觉得中国已经今非昔比，在国际上发挥的作用越来越大，夫人外交是一个重要资源，利用好这个资源，阴阳结合，可以助力于中国外交。至于需要不需要做课题进行研究，如果有人想专门研究夫人外交这一块，我觉得在研究外交领域里一系列问题的时候把它作为一个分支也不是不可以。要创建一个研究机构，这个提议很大胆、很有创意，但由于夫人外交不是外交主战场，内容有限，研究起来可能不太容易。

第六讲

中国与联合国

— 谢波华 —

我曾经在中国驻联合国代表团工作过将近八年，另外在外交部也主要是从事多边外交工作，所以我很高兴有机会到北京语言大学给中外同学介绍一下我们中国跟联合国的关系，特别是中国作为联合国安理会常任理事国，在联合国也是很重要的国家，这个地位在历史上是怎么形成的，以及中华人民共和国成立以后在联合国恢复合法席位的过程，这些方面我想结合自己的工作经历给大家做一下介绍。

在这里一共给大家讲三个问题：第一个是中国崛起的历史进程；第二个是中华人民共和国在联合国合法席位的恢复；第三个是中国重返联合国后的贡献。

一

中国崛起的历史进程

中国是联合国安理会常任理事国，二战以后在国际秩序方面，中国是一个有重要发言权和话语权的国家，但这是一个非常漫长的过程，中国也经历了很多的曲折才形成今天的大国地位。简单来讲，就是鸦片战争后中国从积贫积弱、内忧外患的国家到在战争中崛起的国家这

样一个过程。

从1840年的第一次鸦片战争到1856年的第二次鸦片战争，西方列强对中国的入侵是不断展开的，1840年鸦片战争和1860年中俄《北京条约》的签订这两件事情是比较有代表性的。1840年鸦片战争是英国的侵略，1856—1860年第二次鸦片战争还是侵略，1860年俄国借着调停第二次鸦片战争又逼迫清政府签订了中俄《北京条约》。在两次鸦片战争期间，中国饱受西方列强的侵略并同列强签订了一系列不平等条约，如《南京条约》《北京条约》《瑷珲条约》等。条约的内容基本就是割地赔款，香港割出去、九龙割出去、黑龙江以东包括库页岛等大面积的领土割出去；割完地还要赔款，就是侵略了你、打了你，你还要赔款给侵略者，这就是中国积贫积弱的一个象征。1860年中俄签订了《北京条约》，条约使清政府确认了《瑷珲条约》的合法性，并割让了乌苏里江以东（包括库页岛）约40万平方公里的领土。俄国的理由是我帮助你调解了中国和英法之间的战争，所以你要给我割地。俄国在《瑷珲条约》和《北京条约》中共割走中国领土100多万平方公里，大家从地图上可以看到乌苏里江以东的土地和库页岛是紧挨着日本海的，库页岛跟日本的北海道就是一个海峡之隔。也就是说，在100多年以前，中国在日本海是有大面积海岸线的，有重要的出海口。中俄《北京条约》把海参崴也割给了俄国，海参崴现在就是俄罗斯海军太平洋舰队的司令部。除了割地赔款，不平等条约的内容还包括开放通商口岸和治外法权等，北京、上海、广州等地的租界都是形成治外法权的一个重要特征。

1894年，日本发动了对中国的甲午战争，中国战败并于1895年同日本签订了《马关条约》，中国割让台湾岛及其附属各岛屿、澎湖列岛给日本，赔偿日本2亿两白银。1900年八国联军攻打北京并于1901年迫使清政府签订了《辛丑条约》，赔款4.5亿两，当时相当于4.5亿中国人每人赔一两。1905年日本和俄国在中国东北爆发战争，俄国战败，中国东北变为日本的势力范围。1913—1914年，英国在印度西姆拉召开了干涉中国内政、策划西藏独立的阴谋会议，西姆拉会议企图用麦克马洪线取代中印东段边界的传统习惯线，麦克马洪线将中印边界东段传统边界线向北推移约96公里，把历来属于中国、面积达9万平方公里的地区划归英属印度。策划麦克马洪线的目的就是，英国想在中国西南打开一个缺口，占领中国的领土，扩大英属印度的地盘。对于西姆拉会议产生的条约草案和麦克马洪线，中国是坚决不予承认的。1919年第一次世界大战结束后召开巴黎和会，中国作为战胜国，提出的关于取消帝国主义在中国的特权、取消日本强迫中国承认的《二十一条》、收回山东权益的提案遭到了列强的无理拒绝。1931年爆发了“九·一八”事变，日本占领了中国东北，1937年中日战争全面爆发，但是当时世界上其他帝国主义国家没有加入到这场战争中，过了两年，也就是1939年第二次世界大战爆发后，世界性的反法西斯阵营才逐步形成，跟德意日法西斯作战。美国直到1941年才正式参战。所以，中国在1841年到1941年的100年时间里，是被侵略、被殖民的，而且签订了大量屈辱性条约，割地赔款，中国大面积的领土丧失就是在这100年的时间里。100年来，中国积贫积弱、不断抗争、屡战屡败、屡败屡战，就是这样一个过程。

现在我们要跟国际上讲清楚一个问题，就是从1931年“九·一八”事变到1941年珍珠港事件（太平洋战争爆发），中国在远东独立坚持抗战10年，凸显了中国在抗击日本法西斯侵略扩张中的地位和作用。这对全世界来讲有两个意义：一方面拖延了日本发动太平洋战争。在研究这一段外交史的时候，我们可以看到，英美等主要国家在很长一段时间内对日本的政策是不明确的。1937年中日战争全面爆发后，美国和英国为了维护他们在中国的利益，对日本的侵华战争表示反对，但是这种反对在另一种程度上讲是模棱两可的。其中最具有代表性的就是陈纳德航空队事件，陈纳德航空队在中国抗战爆发后来到中国参加抗战，但是陈纳德航空队是志愿航空队，不是美国官方的航空队，直到太平洋战争爆发以后，美国加入对日作战，才把陈纳德航空队列入第14编航空队。

另一方面就是阻止了日本对欧洲的进攻。希特勒有很长一段时间希望日本从亚洲向西打，这样的话德意日轴心国两面夹击就可以把欧洲和苏联拿下。但是中国 1937 年全面抗战爆发，拖住了日本 100 多万军队，这种拖延对欧洲有很大的意义，同时对美国的太平洋战争也是一个很大的拖延。日本在 1941 年 12 月对珍珠港偷袭之前曾筹划了很长一段时间，它要筹划下一步怎么打，如果要占领太平洋战场的岛屿，就需要从中国战场上抽调军队。

所以，从 1931 年"九・一八"事变到 1941 年太平洋战争爆发，中国独自坚持抗战 10 年。毛主席谈过中国抗日和世界反法西斯斗争的关系。他说：伟大的中国抗战不单是中国的，是东方的事，也是世界的事。这是毛主席 1937 年在延安讲的，中国共产党当时在一个很偏僻的地方，但是中国共产党人有这样一种眼光，对抗战的爆发和中国的抗战有这样一种看法，这不只是中国共产党的事，也不只是中国的事，中国的抗战是东方的事，也是世界的事。毛主席还提到：兵民是胜利之本。意思是说，从 1840 年鸦片战争到 1937 年全面抗战爆发的近百年时间里，中国不是没有抵抗过，清政府也不是没有抵抗过，但是我们始终找不到可以克敌制胜打赢战争的武器。但是通过抗战毛主席意识到，要想反抗外国侵略，要想把战争打赢，就必须得动员老百姓，不能把这场战争看成是政府的战争，而是全民的战争，这是一个很重要的思想。毛主席在《论持久战》里还讲过这样一段话：动员了全国的老百姓，就造成了陷敌于灭顶之灾的汪洋大海，造成了弥补武器等等缺陷的补救条件，造成了克服一切战争困难的前提。毛主席把动员老百姓当做克敌制胜的法宝，所以为什么抗战打赢了，前面那些战争却屡战屡败，动员群众就是很重要的一条。

太平洋战争爆发以后，美国总统罗斯福非常关注战争最后的结局是什么？怎么能够打赢这场战争，打赢后的世界秩序应该怎样维持？罗斯福当时有一句话：英俄中美及盟国代表了世界 3/4 以上的人口，只要这四个军事大国团结一致，决心维护和平，就不会出现一个侵略国再次发动世界战争的可能。所以我们看到战争爆发后，大国的领导人不仅在考虑怎么把这场战争打赢，而且在考虑这场战争结束以后的世界特别是世界秩序应该是怎样的。英俄中美这个提法是罗斯福总统提出来的，这样一个提法就是联合国宪章的一个雏形和核心，联合国的核心就是五大国机制，五大国机制赋予维护国际和平与安全的首要责任。这个提法是怎么提出来的呢？罗斯福总统在太平洋战争爆发以后就在考虑这个问题，一方面从美国的角度来讲，罗斯福在考虑战后的世界秩序应该怎么样？这个世界秩序应该怎么样维持？另外从中国的角度来讲，中国第一次被作为一个世界大国提出来，我们中国可以在未来成为与英美苏具有一样地位的国家，来参与国际秩序的建立，来参与全球治理。这样一个地位的出现，和中国长期的抗战是有很大关系的，也与罗斯福总统对中国当时在远东、亚洲地位的深刻认识是有很大关系的，所以罗斯福是很有战略眼光的。二战期间的美国大片，无论是表现欧洲战场还是太平洋战场的，我们在片子里很少看到讲罗斯福总统在干什么，都是在讲美国那些大将军在干什么。罗斯福在整个二战期间不是想到某一战役、某一场战争、欧洲战场、太平洋战场怎么样，他把这些问题都交给了他的将军们。罗斯福作为一个战略家，他在考虑战后世界秩序的问题。所以说如何成立联合国，怎样维持战后世界秩序，这是大国领袖来考虑的问题。

1941 年太平洋战争爆发以后，中国抗日战争的地位发生了很大的变化，原因就是 1942 年中美英苏等 26 个国家在华盛顿举行会议，签署了《联合国家宣言》，标志着国际反法西斯统一战线最终形成，于是中国战场就成为太平洋战场的重要组成部分。二战就这两个战场，欧洲战场和太平洋战场。太平洋战场划为 4 个战区：中国战区、西南太平洋战区、西太平洋战区和东南亚战区，中国战区总司令就是当时中国的领导人蒋介石，这个战区不仅包括中国，还包括越南、缅甸和泰国等。我们看电视剧《我的团长我的团》，为什么 1942—1944 年中国有远征军？为什么远征军到缅甸打了两次仗？实际上越南和缅甸战场是中国战区的一部分，中国战区总司令负责这场战争，所以中国派出远征军去缅甸。西南太平洋战区是指澳大利亚和巴布亚新几内亚、所罗门等南太平洋岛屿；西太平洋战区是指珍珠港以东的区域；东南亚战区是指新加坡、马来西亚、泰国。太平洋战场4个战区中，中国战区是一个主要的战区，也是最重要的一个战区，其他几个战区以海战和夺岛战役为主，而中国战区则主要是陆战和空战。所以，中国作为4个最主要参战国的战略地位，在太平洋战争爆发以后，受到了盟国特别是美国的重视，因此得以参与联合国创建的全过程。

中国参与联合国创建的过程是这样的：1941年12月，太平洋战争爆发，紧接着到1942年1月，反法西斯联盟形成，26个国家共同签署《联合国家宣言》，这个宣言就是要倡导反法西斯联盟团结起来，跟德意日法西斯作战。中国作为反法西斯联盟重要一方，参加了这次会议并签署了《联合国家宣言》，代表中国参会的是时任中华民国外交部长宋子文。1943年10月，美苏英中四国在莫斯科签署《关于普遍安全宣言》（即《莫斯科宣言》），宣言第四条提到：四国承认有必要在尽早可行的日期，根据一切爱好和平国家主权平等的原则，建立一个普遍性国际组织，以维护国际和平与安全，所有爱好和平的国家，无论大小均得加入这一组织。这个宣言的第一个重要原则是强调各国主权平等，第二是所有国家无论大小，第三是所有爱好和平的国家才能加入，就是说这一组织首先要把德意日排除，德意日法西斯国家是不能加入到这一爱好和平的组织和进程中的。《莫斯科宣言》只是四国外长之间的宣言，到1943年11月下旬，围绕着欧洲战场和太平洋战场如何继续进行？战后世界秩序如何维持？美苏英中四国领导人要进一步谈一下这个问题。所以，1943年11月下旬，先是中美英在开罗开会商议战后亚洲的和平问题、太平洋的和平问题、中国的和平问题，开罗会议确定了几件对中国非常有意义的事情。会议发表的《开罗宣言》声明日本所窃取的中国东北四省、台湾、澎湖群岛等领土应归还中国；朝鲜人民深受日本军国主义奴役，战后朝鲜应获得自由与独立。朝鲜要先由四大国进行托管，然后独立，这就是《开罗宣言》最早的设想。1943年12月，美英苏又在德黑兰开会，这个会议集中讨论了美国和英国急切考虑的欧洲战场的问题，斯大林反复地跟美国和英国讲，让它们开辟第二战场并尽快完成对德意日的陆地进攻。所以 1944 年 6 月 25 日，盟军在诺曼底登陆，开辟了欧洲第二战场。这个问题就是在 1943 年 12 月美英苏德黑兰会议上讨论和解决的。

1944 年 7 月，太平洋战争进入到美军的反攻阶段，美军已经在考虑怎样利用跟日本接近的地方做最后的反攻了。日本偷袭珍珠港后，美国曾派杜立德带领一个航空队从航空母舰上起飞轰炸东京，但是把炸弹投出后飞不到航空母舰上了，没办法就只能往中国浙江飞，最后有的被中国居民救了，有的被日本俘虏了，还有一架飞机飞到了海参崴，被苏联军队扣押。所以在太平洋战争面临反攻，美军在夺岛战役不断开展的时候，美国就想把中国华北和华东的广大区域作为美军反攻的条件和基础。当时中国共产党领导的八路军在华北和华东建立了广大的敌后抗日根据地，于是美国在 1944 年 7 月向延安派出了美军观察组，试图与中国共产党取得联系。这件事是美国高层决定的，是罗斯福总统授权的，所以美国除了在重庆较早地和周恩来有过接触外，真正到中共的总部来 1944 年 7 月才开始的。除了杜立德，美国还把驻华使馆的外交官谢伟思派来了，他不好以外交官的身份来，于是介绍自己是美国国务院的官员。罗斯福总统在很长一段时期内，就是通过这些人来了解中国的情况，了解国民党的情况，也了解中共的情况。杜立德和谢伟思都是传教士的孩子，从小在中国长大，沟通起来在语言等方面也没有什么问题。

1944 年 8 月，美苏英中四大国在华盛顿郊区敦巴顿橡树园开会，四大国坐在一起起草联合国宪章，研究联合国究竟是什么样的组织，它跟一战后成立的国际联盟究竟有何不同，这个组织如何在宪章里反映战后新的国际秩序。敦巴顿橡树园会议分为两个阶段，第一阶段是美英苏三国开会，第二阶段是美英中三国开会，联合国宪章是这四国共同起草的，但是这四国始终没有坐在一起共同开过会。这个会议核心的问题就是安理会，安理会的核心就是常任理事国，常任理事国的核心就是常任理事国的否决权。在起草联合国宪章过程中有很多问题，最主要的就是安理会的问题，怎样体现五大国的权威？就是要通过这个否决权，否决权是我们通俗的讲法，在联合国宪章里并没有否决权这个提法，指的是安理会要通过一项决议，需要得到9票赞成票，9票中必须包括5个常任理事国，如果有一个常任理事国投了反对票，这个提案就不能通过，这就是所谓大国一致原则。当时会有这样一个设计，就是想只有5个常任理事国意见一致，才能避免战争的爆发，维护世界和平。没有五大国一致就又回到了一战的时代，回到了国联的时代，比如当时日本退出国联也没有国家可以制止，所以才有了现在的大国一致原则。

在否决权问题上，美国提出这个否决权不能说只要有一个常任理事国不同意这个事就干不成，我们能不能搞两种投票：一种是针对程序性问题的，没有否决权，五常即使投了否决票，最终只要有9票赞成票这个问题也是可以讨论的；另外一种投票是针对实际问题的投票，这个需要五常一致，只要投票不通过，这个事就不能进行下去。美国和英国当时劝说中国同意这种方案，说无论讨论什么问题你还得让讨论，至于讨论之后能不能形成决议或者决议能不能通过，这才是实质性的问题。联合国宪章在谈到这个问题的时候，一直卡着进行不下去，矛盾和纠纷很大，美苏互不相让，因为这个原则一旦形成，大家就都要执行。

关于联合国创始会员国资格问题，在顿巴顿橡树园会议上的讨论也是非常激烈的，就是哪些成员成为创始国的问题，《莫斯科宣言》说得本来已经很清楚了，一切爱好和平的国家不论大小都可以加入，也就是说，除了德意日法西斯国家都可以成为成员国。美国主张，除所有曾在1942年1月通过的《联合国家宣言》上签字的国家外，再加上8个没有和轴心国交战的国家（其中有6个是拉美国家）。苏联认为，美国是想拉一帮小兄弟进联合国，以便将来投票时“人多力量大”。因此，苏联提出它的16个加盟共和国都拥有独立主权，所以都应列为创始会员国（1940—1956年，苏联还有一个卡累利阿—芬兰加盟共和国，所以总数是16个）。美苏争执不下，这一问题暂时搁置。1945年2月，苏美英三国首脑在雅尔塔举行会晤，在这次会议上，苏联再次提出加盟共和国的代表权问题。苏联代表提出，苏联 16 个加盟共和国中有三个（乌克兰、白俄罗斯、立陶宛）或至少两个（乌克兰、白俄罗斯）应作为联合国创始会员国，因为它们在这次战争中贡献巨大。这时法西斯的崩溃已成定局，美苏如果继续在成员国问题和否决权问题上争执不休，就会影响建立战后的世界秩序，在这样的情况下，罗斯福和斯大林各让一步，斯大林同意了两种否决权，罗斯福也同意了苏联的三票。罗斯福为什么同意呢？这跟当时的战争情况是紧密联系的。1945 年 2 月，欧洲的战争马上接近尾声，太平洋战争还没有结束，苏联还没有对日宣战，美国在太平洋战场能不能打胜、什么时候打胜，当时美国心里还没底。美国认为战争最起码还要打一年半到两年，所以把日本击垮，苏联对日宣战是非常重要的，因此罗斯福从这样一个角度考虑做出了让步。在四大国成立联合国之初，关于这两个问题的分歧是要到最高领导人参加的会议上解决的。

1945 年 4 月 25 日，反法西斯联盟各国在旧金山召开制宪会议，制宪就是制定联合国宪章，会议把敦巴顿橡树园会议和雅尔塔会议最后确定的文件拿出来交给各国讨论，告诉各国这是四大国研究和拟定的一个文件，叫做联合国宪章，我们为了成立战后的这个组织，来讨论这个文件。当时中国派出了一个代表团来参加这个会议，团长是代理行政院院长宋子文，代表团成员有驻英大使顾维钧、国民参政会主席王宠惠、驻美大使魏道明、前驻美大使胡适、中共代表董必武，还有一些党派的代表人士等。中共派董必武参加这次会议是罗斯福坚持的，国民政府最开始向美国提交的名单中是没有中共代表的，罗斯福指示驻华使馆与国民政府交涉，要求体现全民的抗战，要求中共也派代表参加。中国代表团除了这些代表还有一些助手，组成了一个庞大的代表团。董必武和毛主席同是中共一大的代表，参与了中国共产党建党，参加了长征，在抗战时期长时间在重庆做周恩来的副手。当时我们派章汉夫和陈家康两位同志担任董必武的助手，后来他们都成长为外交部的老前辈。

在旧金山制宪会议还没有结束的5月9日，德国宣布投降，这加速了联合国宪章的谈判，所以在6月26日，参加制宪会议的各国代表达成一致，最后签署了联合国宪章。董必武出生于1886年，近代以来中国遭受的屈辱磨难他是感同身受的，所以董必武参加联合国制宪会议的时候感慨万分，他曾赋诗一首：竟是平生一快游，空行万里总悠悠。乘风破浪非虚语，障眼浮云在下头。欧陆暂无锋镝苦，东瀛将献寇仇囚。前途尽有光明路，莫忘中藏曲折幽。

1945年7月26日，美苏英发表《波茨坦公告》，其中规定了战后欧洲和德国的问题，还规定了对日战争和战后日本的问题。《波茨坦公告》重申要把日本彻底打垮，要把日本在中国和朝鲜侵占的领土彻底解决，另外号召所有的反法西斯力量都要加入到这个同盟里来，实际上是在给苏联施加压力，苏联在这个时候还没有对日宣战。

1945年8月6日和9日，美国向日本投放两颗原子弹。9日苏联对日宣战，紧接着就进入中国东北和朝鲜，夺回了库页岛，占领了千岛群岛，就是现在日本总在讲的北方四岛。在苏联对日宣战之前，日本占着库页岛的南部，从1905年日俄战争之后日本就占着，中俄《北京条约》把库页岛割给了俄国，日俄战争之后，日本人又把库页岛南部给占了，这是为什么？因为日本要拉大和邻国的缓冲区，所以它要不断向北推。8月9日，苏联对日本宣战，一个是进入中国东北，主要目标是击败日本关东军；第二就是朝鲜，日本不是从陆地进入朝鲜的，而是用军舰从日本海那边进去的，苏联军队一直南下，过“三八线”到汉城，同时一支舰队开到库页岛和日本人打。所以大家不要觉得苏联对日宣战就是在中国东北打日本关东军，苏联看得很清楚，要打在中国东北的关东军，同时彻底洗清日俄战争的耻辱，把库页岛重新拿回来，同时还要进入千岛群岛，所以就是这样一种态势。

8月15日日本天皇宣布日本投降，9月2日麦克阿瑟代表太平洋的盟军接受日本投降。太平洋战场分为4个战区，在接受日本受降的时候，先是由太平洋战场总的盟军接受日本投降，在这完成之后各个战区才能开展这个事情。9 月 2 日受降的时候，中国派出了徐永昌中将参加受降仪式，第二天，中国战区在南京接受日本投降，然后太平洋各个战场陆续开展受降仪式。1945 年 10 月 24 日，联合国宣告成立，联合国成立首先跟战争有很大关系，第二跟反法西斯阵营的建立有很大关系，第三跟四大国的形成有很大关系，第四跟联合国宪章的诞生有很大关系。

2015 年九三阅兵大会上，习近平主席讲了这么一段话，有利于我们理解中国从 1840 年鸦片战争到联合国成立这一段时间地位的变化。习主席讲："中国人民抗日战争胜利，是近代以来中国抗击外敌入侵的第一次完全胜利。这一伟大胜利，彻底粉碎了日本军国主义殖民奴役中国的图谋，洗刷了近代以来中国抗击外来侵略屡战屡败的民族耻辱。这一伟大胜利，重新确立了中国在世界上的大国地位，使中国人民赢得了世界爱好和平人民的尊敬。这一伟大胜利，开辟了中华民族伟大复兴的光明前景，开启了古老中国凤凰涅槃、浴火重生的新征程。"

联合国宪章全面确定了战后国际体系的基本理念、框架、秩序和目标，是联合国最重要的法律依据和活动准则，也是当代国际法的重要依据。联合国宪章本身就是国际法的一个重要文件，由于有了联合国，所以没有爆发新的世界大战。联合国的机构和联合国宪章是有关系的，当时在讨论联合国宪章的时候还谈到了如何设置机构，这些机构一定要和联合国所涉及的目标和理念一致。根据联合国宪章设置了六大机构，也叫做宪章机构：安理会体现了联合国宪章规定的和平与安全；联合国大会体现了联合国宪章规定的大小国家一律平等，所有大小国家在联合国大会里面都是一国一票，没有否决权；经社理事会负责全球的经济和社会事务；托管理事会就是接管之前被德意日法西斯侵占的地方，战争结束之后，这些地方也不是国家，由托管理事会先把这些地方管起来，慢慢再让这些地方独立；国际法院负责国际仲裁案；秘书处负责联合国的运转，秘书长以下的所有人都是联合国公务员或者叫国际公务员，是独立于本国的。除以上六大机构外，联合国还有很多专门机构，如国际货币基金组织负责全球金融，世界银行负责发展援助，教科文组织负责教育、科学、文化，世界卫生组织负责卫生和健康，世界贸易组织负责贸易投资，世界贸易组织是一个独立于联合国的永久性国际组织，但是和联合国有很密切的关系。

二

中华人民共和国在联合国合法席位的恢复

1945 年加入联合国的是中华民国政府，1949 年中华人民共和国成立，中国在联合国的代表权应该是属于中华民国还是中华人民共和国？这就出现了一个很大的问题，联合国还没有遇到过这样的问题，是一件大事。联合国宪章只规定新的成员要加入进来首先要得到安理会的批准，而且这个批准是一种实质性的议案，然后到联合国大会上举行一个形式上的投票才能进来。但是联合国宪章没有想到中国代表权的问题，所以恢复中华人民共和国联合国合法席位的问题是中国和联合国关系上一个非常重要的问题。

中国人民政治协商会议第一届全体会议在 1949 年 9 月通过了一个决议，要求恢复在联合国的合法席位，在全国人民代表大会产生之前，全国政协代行全国人大的职权。11 月 15 日，作为外交部长的周恩来总理致电联合国秘书长赖伊，代表中国政府正式要求联合国立即取消国民党代表团在联合国的一切权利。1950 年 1 月 8 日，周恩来总理照会联合国，要求联合国及其安理会将中国国民党反动残余集团的代表予以开除。1 月 19 日，周恩来总理正式照会联合国，告知中国政府已任命张闻天为中华人民共和国出席联合国会议和安理会的首席代表。照会指出国民党反动残余集团的非法代表出席联合国及其安理会是完全不合理的，应当立即开除，以张闻天为首席代表的合法的中华人民共和国代表团应当迅速出席会议并参加工作。1 月的时候，苏联对中国讲，2 月国民政府常驻联合国的代表蒋廷黻就要做联合国的轮值主席了，我们想利用蒋廷黻担任主席之前的时间提出一个提案，把蒋廷黻赶出去。于是，苏联在联合国安理会提出了一个提案解决中国代表权的问题，核心就是把国民党的代表赶出安理会，赶出联合国，但苏联提出的这个提案针对的是实质性问题，五常只要有一国反对提案就不能通过，当时不仅美国反对，英国和法国都投了反对票，所以苏联的提案就被否决了。苏联也知道这个提案会被否决，紧接着苏联的代表当场就说，由于苏联提案被否决，但是苏联和中华人民共和国是有外交关系的，而且苏联不能承认坐在对面的中华民国代表能代表新中国，所以苏联代表从现在开始不跟他一起开会了，说完苏联代表就离开了安理会。2 月蒋廷黻做联合国轮值主席，苏联代表一直没有在场，直到 1950 年 6 月朝鲜战争爆发，苏联的代表也没有在场。由于苏联不在场，联合国安理会顺利通过了三个关于朝鲜战争的决议，联合国军得以组成并开赴朝鲜。

苏联代表不在安理会就会有很多事情无法决定，五常少一常很多问题就决定不了。1950 年 5 月，联合国秘书长赖伊在全世界各处游说，还到莫斯科找斯大林谈，如果苏联代表回来，中国的代表权问题可以想办法解决，赖伊在苏联时还会见了中国驻苏联大使王稼祥，想通过王稼祥转达他作为秘书长对中国驻联合国代表权问题的看法。直到 6 月 6 日赖伊给成员国写的信中还说在中国代表权问题解决之前，联合国想要取得重大进展是不可能的。这里边有两层含义：一是这个问题不解决，苏联代表不会回来，安理会工作不会取得什么进展；二是赖伊认为解决中国代表权问题确实是非常重要的问题，不像美国说的那样不是问题。

6 月 25 日，朝鲜战争爆发，安理会连续通过三个干涉朝鲜的决议，安理会的决议涉及和平与安全，一旦通过，所有成员都要执行。朝鲜战争爆发后，安理会马上开会讨论朝鲜问题，先通过了一个决议，就是 82 号决议，决议要求朝鲜立即停止侵略并将军队撤退至“三八线”以北。6 月 27 日，美国围绕朝鲜问题在联合国之前做出了三项决定：第一，美国要出兵进入朝鲜，帮助韩国政府阻止朝鲜进攻；第二，安理会要通过决议形成国际上的干预，行使联合国宪章里的集体自卫权；第三，为了防止事态扩大和中国利用朝鲜战争占领台湾，美国第七舰队将进入台湾海峡。美国此举无端地把朝鲜战争问题和中国内政问题挂钩，而在《波茨坦公告》和《开罗宣言》中，美国也承认台湾是中国的一部分，日本战败以后台湾要归还中国，但是到6月27日美国就反悔了，派出第七舰队进入台湾海峡。美国解释这种做法一是防止中国占领台湾，破坏亚洲和平安全；二是台湾的地位还没确定。安理会三个决议通过后，中国的代表权问题没有可能再讨论了，因为大家都关心朝鲜战争的问题了。这三个决议中的最后一个决议（84号决议）是在7月7日通过的，84号决议决定成立联合国军而且授权美国人担任联合国军的总司令。三个决议通过后，苏联认为一直这样下去自己会很被动，于是就找了个理由在8月1日返回安理会并担任轮值主席。美国一看苏联要回来了，就赶在苏联回来之前于7月31日又在安理会通过一个决议，这是第四个涉朝问题决议也是最后一个决议，这是一个实质性的决议，内容是关于对整个朝鲜战争期间的外部援助问题，授权朝鲜战争期间所有援助由联合国军负责。

1950年9月29日，安理会讨论通过了苏联代表提出的邀请中华人民共和国代表出席安理会的议案，同意邀请中华人民共和国政府派代表团出席安理会会议讨论苏联提出的美国侵占台湾议题。这是针对美国的，美国当然投了反对票，但由于是程序性议题并获得了9票赞成票，所以这个决议就通过了。10月2日，联合国秘书长通知周恩来总理关于邀请中国代表团到安理会开会的事情，这个时候中国人民志愿军还没有入朝，志愿军入朝是在10月29日，而中国代表团抵达联合国是11月24日，所以我们可以想象，如果这个提案是在志愿军入朝之后提出的话，提案是肯定不会通过的。所以很多事件是交叉在一起的，你必须把这个时间顺序理清楚才能看明白这到底是个什么问题。有人认为不可思议，朝鲜战争已经打得如此激烈了，中国怎么还能到联合国控诉美国侵略台湾？原因就在于这一系列事情都发生在志愿军入朝之前，而且苏联提的这个提案也不涉及朝鲜问题。9 月 19 日，在美国操纵下，第五届联大否决了恢复中华人民共和国在联合国合法权利的提案，决定由大会组成七人特别委员会，审议中国代表权问题，在未做出决议以前仍允许“中华民国”代表占据联合国席位。

10 月 1 日韩国军队首先越过“三八线”，随后 10 月 7 日，麦克阿瑟下令联合国军可以越过“三八线”。“三八线”问题是政治问题，联合国军越过“三八线”和在“三八线”停住是不一样的，换句话讲，联合国军干预朝鲜问题的理由就是朝鲜越过“三八线”向韩国发动进攻，如今已经把朝鲜打回“三八线”以北了，那么联合国军再越过“三八线”就是另外一种性质的问题了。按照安理会的决议，联合国军的目的是制止侵略，但是联合国军越过“三八线”继续向朝鲜进攻就又变成一种侵略。针对联合国军的这种做法，周恩来总理在 9 月 30 日国庆招待会上说我们不能置之不理。10 月 7 日，联合国军越过“三八线”，10 月 19 日联合国军就占领了平壤。联合国秘书长赖伊通知中国参加安理会会议是在 10 月 2 日，周恩来总理复电联合国秘书长决定派代表团参加安理会会议是在 10 月 23 日。中国人民志愿军已经秘密入朝了，但是没有公开，美国人真正发现志愿军入朝是在 10 月 25 日交火以后，所以 10 月 25 日定为中国人民志愿军入朝参战纪念日。通过以上时间顺序，大家可以看到朝鲜战争和中国同联合国的交涉是交织在一起的。

11 月 24 日，中国代表团伍修权一行抵达纽约，伍修权在纽约的顾问是乔冠华，第一外交助手是章汉夫的夫人龚普生，龚普生是中国当时唯一一个在联合国成立以后曾经在联合国秘书处工作过的人，她在联合国经社理事会工作过一年。龚普生的妹妹也很有名，叫龚澎，是乔冠华的夫人。除此之外，还有其他一些专家也一同前往，包括军事专家、情报专家等。军事专家叫安东，安东时任聂荣臻代总参谋长办公室主任，当时代总参谋长很大的一个工作就是朝鲜战争。1945 年签署《联合国宪章》的时候，最初确定的就是伍修权担任董必武的助手，但国民党政府知道伍修权是个军人，死活不同意他去，伍修权都已到了重庆，但国民党不同意，就找了个理由，说她体检不合格，有沙眼。伍修权后来自己回忆说：我都到了重庆了，说我有沙眼不让我去。5 年后的 1950 年，伍修权率领中国代表团抵达纽约。

11 月 24 日中国代表团到达纽约，25 日志愿军发动了第二次战役，中国代表团心里都有数，什么时候到、什么时候开会与战争的进程有很大关系。11 月 28 日，伍修权在安理会审议美国干涉台湾问题的会议上做了一个长篇发言，这篇发言是乔冠华写的。发言的时候，伍修权底气十足，之所以底气足，一是因为中华人民共和国刚刚成立，二是因为现在的中国和一百年前的中国已经大不一样了，三是因为志愿军发动的第二次战役正打得热闹。所以，中国代表团第一次去纽约就是这样一个背景。我们是被联合国安理会按照程序性的决议邀请去的，所以坐在邀请席上，国民政府代表坐在中国代表席上，伍修权讲着讲着就指着国民政府的代表蒋廷黻。在朝鲜战争和中国人民志愿军入朝的大背景下，中华人民共和国代表团第一次出现在联合国就是这样一种情况。

我在纽约工作过，安理会开会的时候，你要是安理会成员就能进去坐着，如果是邀请你到安理会做发言的，你得在外面等着，到了你这个议题，秘书再把你叫进来，当时我们就是这样。安理会成员的桌牌和被邀请来开会的成员的桌牌不一样，到现在联合国也是这样，是有明显区别的。刚才我讲 9 月 19 日联大先通过一个决议，提到在关于中国代表权问题未做出决议以前仍允许“中华民国”代表占据联合国席位。12 月 14 号联大又通过了一个关于会员国代表权问题的决议，提到凡是代表权有争议的问题都交由联合国大会审议，自此中国代表权的问题不在安理会议论了，变成联大的议题了。从此以后，联合国大会每年都要审议这个问题并通过决议，一直到 1971 年第 26 届联大。

1951 年 2 月 1 日，联大又通过了一个决议，指责中国为朝鲜的侵略者，所以美国就以此为借口阻挠联大讨论中国代表权问题，美国认为中国已经被联大定义为朝鲜战争的侵略者，那么就不能讨论一个侵略国家的代表权问题，因此联大在很长时间内就搁置了中国的代表权问题。但联合国始终在关注着中国代表权问题，1954 年 12 月联合国新任秘书长哈马舍尔德访华，他到中国就做了两件事：一个是讨论联合国军被中国俘虏的问题，二是讨论中国代表权的问题。这是周恩来总理第一次和联合国最高行政长官会面。从哈马舍尔德访华一直到 1971 年，中国进行了长期的恢复联合国席位的斗争，这个斗争的战场就是每年的联合国大会，从做工作的角度讲，主要有四个方面的工作：第一，中国要广泛团结并争取发展中国家，20 世纪 60 年代以后，很多发展中国家陆续独立并进入联合国，成为中国在第三世界重要的朋友；第二，关于中国的代表权问题，苏联是支持我们的，在 60 年代中苏关系恶化的情况下，苏联和东欧国家在这个问题上也没有改变立场；第三，始终把中国代表权问题保持在联大的框架下，不能把它拿到安理会去；第四，为什么在 1971 年第 26 届联大一下子解决了中国代表权的问题？很大一个原因就是中美关系的改善。

1972 年尼克松访华之前，基辛格访华两次，特别是第二次正好是联大开会的时候，他离开那天是 10 月 25 日，《人民日报》和《新华日报》都报道，基辛格博士为了准备尼克松总统访华的工作刚刚结束。10 月 25 日当天联大开会就在讨论中国代表权问题，而美国一方面寻求与中国改善关系，另一方面又在联合国大会拼命动员很多国家反对恢复中国合法席位。很多国家对美国的这种做法表示不理解，觉得那边你美国要和中国改善关系，这边却让我们在这投票反对中国，所以在联大一下子就形成了一边倒的态势。很多西方国家认为 1950 年英国就承认中国了，法国在 1964 年也与中国建立了外交关系，现在你美国都要和中国搞好关系，但是却让我们在这跟着你美国投票反对中国，这是不合适的。所以在这样的国际背景下，中美关系的重大突破带来了连锁反应，这种连锁反应就体现在联合国恢复中国合法席位上。所以 1971 年 10 月 25 日，联大通过 2758 号决议，驱逐蒋介石集团，恢复了中华人民共和国在联合国的合法席位。

2758 号决议是由联大主席同时也是印度尼西亚外交部长马利克宣布的，他和 1950 年苏联在联合国的代表名字一样。在投票之前，美国说如果恢复中国席位的 2758 号决议通过的话，那美国还要搞一个决议，让国民政府代表留下来，如果这个决议通过，那就是“两个中国”都在了。但印尼外长把会议组织得非常成功，2758 号决议通过后，马利克说决议已经决定恢复中国代表团合法席位，并明确指出要把蒋介石的代表驱逐出去，因此第二个决议没有必要表决了，所以这件事就过去了。2758 号决议通过 20 天后，也就是 11 月 25 日，乔冠华率领中华人民共和国代表团出席联合国大会，这次中国是以法律认可的身份进入联合国的。中华人民共和国恢复合法席位的意义有以下几点：一是确认了中华人民共和国政府是中国唯一的合法政府，所有国家要与中国建立外交关系都要以此为依据；二是实现了联合国普遍性的原则，联合国如果把一个拥有几亿人的国家排除在外，不是普遍性的；三是我们进入联合国对亚非拉国家产生了深远而积极的影响；四是打开了我们外交工作的局面。

三

中国重返联合国后的贡献

第一个方面，中国一直是以负责任的大国姿态参加联合国的各项事务，虽然 1971 年才恢复了我们的合法席位，但是我们对联合国的看法是一直不变的，就是重视联合国的地位和作用，肯定联合国在维护世界和平与安全、推动解决争端、促进人类发展方面的贡献和责任，维护联合国的权威。比如现在的朝核问题，我们中国一直强调要在联合国框架内解决，我们执行的是安理会的决议，要求各方也执行安理会的决议。中国非常重视安理会的作用，安理会的问题都是热点问题，比如维和的问题、恢复和平的问题等，从目前来讲，中国是安理会五常中出兵最多的国家，也是联合国维和经费摊款出资最多的国家。

第二个方面是推动经济和社会发展，包括建立国际政治经济新秩序、消除贫困、减震、防灾、环境保护、毒品、艾滋病、人权、恐怖主义等经济社会问题。2015 年联合国通过了 2030 年可持续发展议程，中国已经把这个议程列入“十三五”发展规划，联合国的一些重大议程和决定我们中国执行得是很快的。在 2030 年可持续发展议程之前，联合国还有一个千年发展计划，联合国公认中国执行千年发展目标执行得最好，不管哪项指标拿出来中国都对得上，都有数据，都有重大进展。这次我们只用了一年时间就把 2030 年发展议程纳入了规划之中，2016 年我们就对照着 2030 发展议程拿出了中国的发展方案。

第三个方面是积极参与国际规则制定，掌握国际话语权。联合国很大的一个工作就是制定规则、文件、宣言、公约、条约，做这个工作就是为了话语权，看谁影响大、谁聪明，谁就能搞出东西来。中国刚参加联合国的时候是不太发言的，人家发言我们就听一听，因为几十年没进去，我们刚进去要学习一下，但是现在就不一样了。

第四个方面是坚决打击“台独”，反对台湾地区重返联合国。民进党总想着重返联合国，我在纽约工作的时候，每到联大开会，台湾地区就会找一些公司在公共汽车站弄很多广告支持台湾重返联合国，每年联合国开大会的时候，都要搞这么一下。

2015 年习近平主席在联合国大会讲话的时候，提到联合国有全人类的价值，就是和平、发展、正义、民主、自由，我们要继承和弘扬联合国宪章的宗旨和原则，构建以合作共赢为核心的新型国际关系，打造人类命运共同体。习主席在中共中央政治局第 35 次集体学习时强调要提高中国参与全球治理的能力，着力增强规则制定能力、议程设置能力、舆论宣传能力、统筹协调能力。参与全球治理需要一大批熟悉党和国家方针政策、了解中国国情、具有全球视野、熟练运用外语、通晓国际规则、精通国际谈判的专业人才。要加强全球治理人才队伍建设，突破人才瓶颈，做好人才储备，为中国参与全球治理提供有力人才支撑。希望大家能够热爱我们的外交事业，珍视我们今天所取得的外交成就，这都是我们的前辈流血牺牲干出来的，几千万中国人民流血牺牲打出来的。

互动环节

问：最近美国和以色列宣布退出联合国教科文组织，我想问一下您对此有什么看法？

答：美国对联合国教科文组织有意见已经是好多年的事了，美国和以色列主要是觉得教科文组织涉及到的一些议题他们无法接受。比如巴勒斯坦的代表权问题，教科文组织接受了巴勒斯坦的代表权，但是以色列觉得巴勒斯坦不能进来，但是教科文组织已经投票通过了。以色列就说巴勒斯坦进来我就出来，美国退出和这个也有关系。美国对很多国际组织，不只是教科文组织，都经常说不参加活动或者少交经费，这种少交经费、不参加活动或者说退出都是一种政治上和外交上的不满，可能过几年你不注意它又回来了。当然最极端的做法还是退出，这是一种边缘性行为，因为有些组织退出机制也不是很明确，比如朝鲜退出原子能组织，当时原子能组织也没有什么退出手续。总之，这是一个政治和外交行为。

问：安理会五大常任理事国拥有否决权，很多人觉得否决权使用越多就越是大国的象征，请您从职业外交官的身份谈一谈这个问题。

答：很多人都关注否决权的问题，而且不同的国家对安理会的决策机制有不同的看法。最近联合国新任秘书长古特雷斯出台了一个联合国的改革报告，就是关于否决权的问题、五常的地位问题和安理会问题。关于五常的否决权，有各种各样的说法，其中最极端的就是取消否决权，还有的就是限制否决权。否决权的使用不在于次数多少的问题，次数的多少跟时代有很大的关系。冷战时期，美国和苏联的否决权都用烂了，因为就是两个阵营的问题，全球就这两个阵营，而且当时经济上也没有全球化，所以美苏在安理会上互相不接受。冷战结束后，全球化快速发展，全人类面临的问题越来越有共通性，所以这些年否决权用得就少多了，顶多就是威胁使用否决权。如果没有了大国一致原则会是什么样？这个很难想象。五常机制基本上保证了二战之后没有新的世界大战，我觉得不能轻易取消否决权，很多事情是不能试验的，历史走到那一步，你说不行咱们重新来，那是不可能的。否决权问题是大家都很关注的问题，不是说中国是五常之一，所以支持否决权，我们换个角度想一下，如果没有否决权，怎样去制约一些问题？根据《不扩散核武器条约》，只有五常才是被普遍承认有核国家地位的国家，如果我们把核扩散的口打开，所有国家都像朝鲜这样，那这个世界就绝对乱套了，核武器不能谁想搞就可以搞，因为风险太大，而且这种风险一旦爆发不可逆。所以，维持否决权和大国一致原则是很重要的。

问：关于苏联领导人赫鲁晓夫在第 15 届联大上拿鞋子敲桌子的事情，您有什么看法吗？

答：由于时间关系，我没有讲太多苏联的问题，苏联是一个大国，而且在很长一段时间内是超级大国。首先，赫鲁晓夫时代是美国和苏联对抗的时代；其次，赫鲁晓夫时代是苏联经济发展很快的时代；第三，赫鲁晓夫时代是苏联战后外交政策做出很大调整的时代。赫鲁晓夫在 1954 年担任苏共领导人后，在苏联外交政策上做了很大的调整：第一，开放并吸收外资；第二，在国际问题上，与美国缓和，不要每天搞演习、军事扩张。赫鲁晓夫参加联大的时候是他最意气风发的时候，他在联大摔鞋子这个事情其实有点夸张，他就是一个性情中人，就像现在一些国家的领导人一样，讲话脱稿，很有激情，很爱进行一些个人表现，在联合国开会他也拍桌子。这件事情据说是一位美国记者传出来的，他说赫鲁晓夫开会的时候把鞋脱了，穿鞋的时候就找不着了，所以他拿鞋的镜头就被别人拍了下来，说他拿鞋拍桌子，但他在联合国开会的时候是拍过桌子的。联合国会场光线非常柔和而且麦克风的声音很小，因为有同声传译，大家都靠耳机，有时候走进会场都不知道谁在发言，所以有些代表听着就打瞌睡。联合国有很多记者，记者也觉得无聊，无聊就会拍谁在打瞌睡或者有什么动作，任何他觉得有意思的都随时拍下来，第二天登在报纸上。最典型的就是，一次美国小布什总统在联合国会议期间写了一张便条，询问是否能去上厕所，写完后他就把纸条递给了在后排坐着的国务卿赖斯。赖斯知道他要上厕所就赶紧把纸条递给警卫人员，警卫人员还提前到厕所侦察了一下，看厕所是不是可以用。这一连串的动作都被记者用镜头记录了下来，第二天《纽约时报》就把这些照片作为噱头登在了报纸上。所以，赫鲁晓夫拿鞋拍桌子的事情也是越传越邪乎。

第七讲

中国的维和警察工作

— 高心满 —

我今天的讲座有以下三个部分的内容：一是关于联合国积极维和行动，二是中国与联合国维和行动，三是中国的维和警察工作。我想就从这三个方面给大家介绍一下我个人从事维和工作的所知所解，希望通过今天的交流让大家了解到中国作为一个爱和平、负责任的大国对联合国维和行动做出的巨大贡献。

2015 年 9 月 28 日，习近平主席出席联合国维和峰会，讲了中国维和女警察和志虹“一根羽毛”的故事。和志虹是我们的维和战友，纳西族人，是云南省公安边防总队昆明边防检查站的一个正营职科长，工作非常出色。我们曾去过她在丽江的家，一家人善良淳朴、热情好客。但不幸的是，在 2010 年海地地震中，她和我们 8 名战友以及联合国很多的同事遇难了，这场地震令我们维和圈悲痛万分、刻骨铭心。习近平主席当时在会上讲：

“5 年前，我们的维和警察和志虹在海地执行任务的时候不幸殉职，留下了年仅 4 岁的幼子和年逾花甲的父母，和志虹在她的日记中曾这样说到：大千世界，我也许只是一根羽毛，但我也要以羽毛的方式承载和平的心愿，这是她生前的愿望，也是中国对和平的承诺。”志虹是我几千名维和战友中的一员，我为我英雄的维和战友群体感到自豪！

一

关于联合国维和行动

联合国前秘书长安南说，维和行动是人类历史上史无前例的壮举，是联合国对国际和平与安全最重要的和长期的贡献之一，在半个世纪里拯救了成千上万的生命。安南这个总结是比较全面和准确的。联合国维和行动可以追溯到两次世界大战的浩劫，这两场浩劫促成了联合国的成立。联合国宪章规定联合国的首要任务就是维护国际和平与安全，让人类不再遭受战争的劫难，大家期待的是集体安全机制以消除战争威胁，但这里面并没有明确的“维和行动”提法。什么是维和行动？简要地说就是在安理会授权之下，使用非武力的方式帮助冲突各方维持和平，恢复和平，并最终实现持久和平的一种行动。

维和是咱们习惯使用的一个词语，维和行动从 1948 年开始到现在，经历了 70 年，维和的概念不断拓展，现在多称为和平行动，体现的是对多种行动的包容。在联合国秘书长古特雷斯最近的报告当中，维持和平行动部正式改成了和平行动部，把“维持”两个字去掉了，因为当今的和平行动不仅包括维持和平，还包括预防性行动、缔造和平、强制和平、维持和平、建设和平。

第一，预防性行动。加利秘书长曾多次提出预防性外交设想，他认为一些冲突是可以预见的，应采取行动在发生武装冲突之前解决争端，包括预警、调解、实施调查、建立信任等，作为其一部分的预防性部署是指在国际或国内争端发生时，若双方或某一方认为联合国派出人员在其领土上可以抑制敌对行动，联合国即可进行预防性部署，包括通过善政保护经济发展和人权的行为都可以纳入预防性行动的范畴。

第二，缔造和平。使用外交手段，谈判、斡旋、说服冲突当事方，停止敌对行动，通过谈判达成某种程度的和解，总之就是熄灭战火。

第三，强制和平。就是通过强制的措施来制造和平。

第四，维持和平。双方达成和解协议，已经有了一些安全的局面了，这个时候维持和平才介入。

第五，建设和平。维和一般意义上是冲突之后，如何从根源上解决冲突的问题，让和平生根，实现持久和平。叫做建设和平，但建设和平不仅仅是一般意义上的冲突后，也可以是冲突前，它可以贯穿整个和平行动始终。

下面我们来了解一下维和行动是怎样建立的。首先是危机发生后，安理会根据形势进行调查并做需求分析。之后，发现确实存在这样的威胁，需要国际社会介入，就会拿出一个决议，这个决议要征得冲突所在国当事方同意。原来是要征得冲突各方同意，但有的国家冲突方太多了，无法求得各方的同意，所以只要征得主要冲突方同意，这就是联合国这么多年发展当中的变化之一。然后，联合国就派遣中立部队到冲突地执行任务，这里讲的部队也是一个概念，可以是军队、警察、民事或文职人员等，部队需要经过联大表决通过派出，此外还要联大下设的特别委员会审议并做出预算支出方案，表决之后开始启动，一般一个任务的建立需要3—6个月时间。

维和行动所遵循的原则，就是我们常说的维和三原则，是同意、中立和最低限度的使用武力。在维和行动的发展过程当中，维和三原则的内涵也发生着一些变化，比如同意原则，一致同意可能不是特别具有可操作性，所以演变成主要冲突方同意；中立原则在实际运用中有时会和公正结合起来，有些行动可能不完全是中立的但是公正的，但公正可以有多种解读；再就是最低限度的使用武力，维和行动中武器是用来自卫的，而不是用来作战的，现在的说法是用来“自卫和保卫授权”。关于维和行动还有一个比较形象的说法，叫做“六章半行动”，联合国宪章第六章规定要以所有和平的手段解决争端，但第七章是使用所有的强制性手段，所以维和行动性质是介于联合国宪章第六章和第七章中间，所以常被叫做“六章半行动”，也被叫做介于外交方式和强制方式之间的第三种方式解决国际冲突的行动。一些国际、国内法律、条约，包括每个任务都有一个备忘录，它们里面规定了各自的责任和义务，维和部队要遵循迎战原则和武器使用指令，国际人道主义法和国际人权法都适用于联合国维和行动，这是关于维和行动的法律依据。

1948 年第一次中东战争爆发，战火遍及 5 个国家，联合国安理会随后通过决议要求在巴勒斯坦停止敌对行动，并决定应由联合国协调员在军事观察员小组的协助下监督停战。第一组军事观察员（后来称为联合国停战监督组织）于 1948 年 6 月抵达该地区，这是联合国首次使用维和手段。1956 年联合国还在中东设立了第一个联合国维持和平部队。从 1948 年到现在，维和行动被划分成若干个发展阶段，有的是以这一时期的主要矛盾或参加的主要人员为依据划分，比如观察员阶段、维和部队阶段、复兴阶段等。但比较普遍的是以冷战为分界分为前后两个阶段。冷战前叫传统维和行动，也叫做第一代维和行动。传统的维和行动基本分为两类：一是由非武装的军事观察员组成的观察团监督停火、撤军和有关协定的执行；二是排除装备用于用于自卫的轻型武器的维和部队，以确保停火、缓和局势，为解决争端创造条件。传统维和行动参与人员数量少、构成单一，任务比较单纯，区域主要集中在中东一带。

第二代维和行动也称多维维和行动阶段，是从 1988 年开始的。矛盾冲突逐渐从国家间发展为一国内部，所以从国家建设角度出发的维和行动比较多，任务也拓展到保护人权、人道主义援助、维护法律秩序、安置难民、解除武装以及核查清除地雷、发展经济、重建国家等，行动需求增加，任务授权多样化，维和人员主体多元化，不再只是军人，警察发挥了越来越重要的作用。

维和行动无战斗之地，无战胜之敌，武器用于自卫。维和行动具有很多特点，比如说国际性、权威性、边缘性、合作性、临时性等。国际性是指维和行动是遍布五大洲的，是联合国组织各成员国参与的，所以具有最高的代表性。权威性是指维和行动由安理会决定，联大审议通过，秘书长直接指挥。边缘性是指虽然由军人参与，但并不是战斗，没有敌人，没有战场，没有打击目标，不采取武装行动，只是公开亮相，显示存在，震慑犯罪。合作性是指冲突方同意，成员国紧密合作，人员装备资金支持，不然联合国的意志难以落实，不仅大国之间要合作，国际组织也要合作。还有规范性，联合国系统有一套完备的工作规范等。临时性是指联合国没有常备的联合国军，联合国需要人时都是请求各个成员国派兵或者派出警察。各个国家需要根据各自情况，从现有的队伍里抽调队伍去支持联合国行动，队伍撤回以后，这些人还回到自己原来的岗位。

现在有了一个新的动作，就是我们中国率先组建了维和常备部队并于近期完成了在联合国的注册，这是一支重要的常备力量，主要服务于联合国维和行动的快速反应。在维和行动中，发展中国家的作用是非常突出的，发展中国家主要是从人力上给予很多支持，在联合国十万大军里，绝大多数都来自发展中国家，它的积极作用不用赘述。

联合国在发展的每个阶段具有不同的工作重点，但每届秘书长都将维护和平安全作为联合国的重要工作之一，每个阶段都有重要政策报告出台，对联合国维和行动进行回顾审视，找出问题，提出下一步的改进方向，现在也是这样一个情况。古特雷斯上任后专门组建了一个独立的团队进行有关维和事务的调查研究，并结合他本人多年联合国工作的体会和观察，提出了重要的改革举措。包括强调以政治手段解决争端，开展预防性外交，再就是和平行动，不单是维持和平，而是要采取多种手段；改革改组秘书处，改掉官僚作风，同时进行部门重组，要服务战地，提高效率。平民保护和建设和平成为主要的任务，再就是完善和改变机制，纠正联合国过去比较严重的缺陷。人道主义危机发生后，维和行动很难迅速把队伍部署到位，程序很漫长，这里面有很多历史教训，提高快速部署能力也是需要解决的问题之一。

联合国高度重视女性的作用，新的政策主张还包括了明确的性别均等（gender parity）目标以及推进时间表。这将是一个非常大胆的、了不起的进步。记得有一年我参加维和培训中心国际协会年会，该协会拥有100多个会员国，每年举行一次年会，其中有军事的、警察的、民事的代表组成的三个委员会，联合国的很多消息会在会上发布，各国同仁在一起交流经验做法，共商维和大事，是非常有力和有效的组织，我两次被推选进协会担任执委。有个场面令我印象深刻、哭笑不得。协会执委会拥有执委11个人，当时是10位男士和我本人1位女士，我不仅代表着女性，还代表着亚洲，因为普遍来说都兼顾了性别和洲际的代表性。我走进会场的那一刻，大家热情鼓掌，主席高兴地说，“我们性别平衡了”！请问1比10又是一种怎样的平衡呢？以往谈及性别使用的词汇是平等，叫做性别平等，现在是性别均等，我们很期待，但也深知走向均等的目标何其宏大，需要付出超常的努力！目前女性在维和部队中的比例约为10%，联合国维和行动部曾制定过在2014年底达到20%的目标，但遗憾的是那个数字根本没有改变。现在古特雷斯上任之后提出，从高级职位到一般职位，整个系统要达到性别均等，这需要付出巨大努力。我们在座的女同胞们，你们要努力了，有很多机会在国际上大显身手，因为联合国得力的政策给了我们女性特别的优势，女同胞们，加油！

加强联合国与区域组织的合作，是联合国一直所依赖和倡导的，宪章第七章就是要充分发挥区域组织的作用，特别是非盟，因为联合国正在进行的15项维和行动中有8项在非洲。

古特雷斯的改革规划可以说是大刀阔斧的，把之前的政治事务司和建设和平委员会合并成立政治和建设和平事务部，把原来的维持和平行动部改成和平行动部，在维持和平行动部的基础上又纳入很多部门组成和平行动部。联合国现在的部门体系像金字塔一样，从上至下逐渐增多，就像我们国内警察系统现在的警力下沉一样，几个副秘书长直接就对下，另外就是建立监察委员会，从上面进行一层一层的监督。党的十九大报告也非常重视监察工作，我们国内的做法和国际的做法还是非常接轨的。古特雷斯在 2017 年 9 月向会员国提交了重组秘书处和平与安全支柱的改革建议，和平与安全、可持续发展、管理改革是古特雷斯寻求推动的三大改革。和平和发展现在正面临一个巨大的变革，另一个就是全系统的性别均等，要从数字上表现出 50 比 50，这是联合国 2030 年可持续发展议程的一个目标，具体落实情况还需拭目以待，这也是基于内部审查小组提出来的建议。

我们中国的社会主义核心价值观已经深入人心，联合国这个庞大的国际群体也有其独特的价值系统，即联合国的核心价值观，包括三个关键词——正直、专业、尊重多样性。此外还有联合国的能力观，其中所涉及的概念与内涵值得大家进一步挖掘学习。

维和行动挽救了无数的生命，但也面临巨大挑战，维和行动目前面临的挑战主要包括：快速部署及任务能力问题、大国操纵或话语权不均衡问题、经费不足问题、人员素质及战斗力问题、传统维和原则受到挑战、维和人员队伍管理和安全问题。对联合国来说，这些挑战是有切肤之痛的，在古特雷斯上任之前，他感到纠结的东西也是这些。在中国，我们对维和警察的选拔是非常严格的，不夸张地讲是百里挑一、千里挑一，中国 200 万的警察队伍，参加过联合国维和的不足 3000 人，年度的选拔，每选 100 个人，可能会有两三千人报名，1000 余人上预选名单，我们再从这 1000 人里面全面考核，包括背景和家庭等，全面把这些人筛选出来。筛选出来之后培训，培训时间和课程设置根据联合国的要求和培训对象的实际，一般要进行 3 个月的系统全面的培训和考察，然而有的国家完全没有培训或只有些许培训，不论是培训的严肃性、系统性还是实用性科学性，都是不可比拟的。培训之后要参加我们国内的考试和联合国考试，最后根据考试结果、培训期间的表现、个人现行状况等确定派出人员，真可谓过五关斩六将。整个过程可以说是非常严谨严格，因此我们派出去的维和人员纪律严明、业务精湛、待人友好，受到了广泛的好评。

维和行动面临的另一挑战是传统的维和原则受到挑战，比如说中立公正和使用武力的问题。不使用武力的话，维和人员手头没有枪，自身安全难以保障，但有的时候这就是把双刃剑，你一旦介入冲突，会对任务造成摧毁性的破坏，严重影响联合国声誉，损毁联合国形象。

另外还有维和人员性丑闻等违纪案件的发生，联合国为此广受诟病。联合国助理秘书长简·吕特曾到访我们维和中心，她提出的第一个问题就是，中国警察在任务区没有任何违纪问题，你们是怎么开展训练的？我觉得就是源于我们强烈的国家意识，为联合国服务的责任感和使命感，以及严谨敬业的工作作风和严明的纪律作风。我们出去执行任务代表的是国家，人性的弱点可能难以超越，但是我们的维和人员靠的就是坚强的意志和钢铁般的纪律。每个任务期少则八个月多则一年，中国维和人员远离家庭，但是队伍纪律严明、秋毫无犯，成为任务区众多维和力量的典范，很多国家都被折服了。

联合国高度重视维和人员安全，不承受任何的生命损失，跟我们国内敢于牺牲的文化不同，如何使维和人员免受伤亡是联合国非常关心的问题。

下面是截至 2017 年 8 月联合国维和行动的一些数据。1948 年第一次中东战争以来，联合国共部署了 71 项维和行动，124 个国家派遣军警，参与人员累计百万之多，正在进行的任务是 15 项。同期执行维和任务的人员总数是 10 万左右，10 万维和大兵中维和部队是大多数，占了 80%，维和警察占了 10%，这个数字也在增加，还有一些军事观察员和参谋人员，再有就是文职人员，如国际文职人员、当地文职人员、联合国的志愿者等。核定预算一般是 80 亿美元左右，伤亡总数目前是 3000 多，所以联合国专门设立了维和人员国际日，目的是向所有曾经和正在为联合国维和行动服务的人员致敬，并缅怀为和平事业献出生命的维和人员。每年 5 月 29 日为联合国维持和平人员国际日，在维和中心我们也会有一些主题纪念活动。

维和行动是一个系统工程，包括军队、警察、文职人员，以及众多的政府和非政府组织，各自发挥着重要的作用。一般说到维和人员，我们自然会想到维和部队，如果进行细分，会有一些狭义的概念，维和部队一般是指军事人员，维和警察就叫维和警察，这是两个概念。维和警察一般是佩戴蓝贝雷，维和部队佩戴蓝盔。我们的维和警察中有成建制防暴队，也是执行作战任务的，同样佩戴蓝盔。非常有意思的是，我们国家派出去的第一支携带武器并有作战任务的队伍，不是部队，而是警察，即维和警察防暴队。

维和行动是非常有魅力的。维和行动如此危险，但为什么仍然有很多战友第二次、第三次甚至更多次踏上征程？因为维和行动搭建的这个国际舞台非常有魅力，来自不同国家、不同文化、不同语言的人一起工作，相互交流。每个任务就是一个“小联合国”，就像走进咱们的北语。在波黑任务区，维和警察来自 40 多个国家，再加上维和部队、北约人员、民事人员等，在每一个联合国维和任务区，都有来自八九十个国家的人一起共事，不同的肤色、不同的着装、不同的语言，完全就是一个“小联合国”。

在联合国维和任务区，我们非常强调集体和团队精神，我们在进行派遣前培训的时候，会强调这样的概念，你不是唯一的维和人员，而是整个维和人员集体的一部分。目前联合国在维和方面有 120 个出兵国，包括军队、警察和个人，有 193 个国家在提供人员、装备、资金、技术和培训，同时与阿盟、非洲联盟和欧盟开展合作，16 项维和行动覆盖了四大洲，年度预算达到 82 亿美元。在最大的任务区刚果，有 2.6 万多维和人员在那里维持着和平。目前总共有 12.5 万军警民在任务区一线工作，支撑维和行动的装备和后勤设施中有飞机 59 架、直升机 167 架、无人机 11 架、轮船 7 艇、车辆 13248 辆、医院 350 所（联合国派出去的一级医院、二级医院）。联合国维和行动覆盖了 700 多万平方公里的土地和 1.25 亿人口，所以这是非常有意义的行动。

联合国的经费分成三部分：会费、维和行动经费和国际法院经费，其中占比重最大的还是维和行动经费，从 2016 年到 2018 年，美国所交会费占比是 22%。最近美国要退出教科文组织，那样的话中国就是第二大捐助国了。中国作为一个发展中国家，贡献巨大，联合国会费占比为7.921%，日本是9.6%。第二项是维和摊款，前面的会费中中国是排名第三，维和摊款里面美国是28%，中国是10.3%，日本是9.6%，中国是排在前面的。拿2016—2017年维和行动年度的80亿预算来说，中国需要拿出10%的维和行动摊款。除了巨大份额的经费支持外，中国还贡献了巨大的人力资源。中国维和部队和维和警察同时在国外执行任务的有将近3000人，这个数字在总体派兵国当中排名均在前十以内。5个常任理事国当中我们是出人最多的。中国目前出钱到了一定程度，出人也到了一定程度，但是中国人在联合国的代表性是很低的。按照联合国系统的预算，目前是按照承担会费的多少核定该国国际公务员席位的数量，中国正常席位数应该是119位到161位，但是咱们目前实际只有77个人，而且这里面还有很多是翻译、专业技术人员，不在领导岗位上，也不负责组织筹划，没有更多的话语权，这就是我的同事何银讲的话语权赤字。包括货物和采购中标率都很低，应该说我们在联合国应该享受的职位数是半数虚位以待，什么原因呢？一个是缺乏制度设计，制度设计上没有能让这些德才兼备的人很顺利地走上联合国的岗位。再一个就是人才匮乏，推举到的人，可能因为背景经历不符合联合国的要求，不能被录用。之所以参与少，对系统的工作不熟悉是一个主要原因。

另外，人才供给不足导致话语权缺失。现在的话语权不是喊出来的，我觉得是水到渠成，比如乒乓球要从娃娃抓起，我们国家国际公务员的选拔培养储备是一个亟待解决的当务之急。中国联合国协会几年前就筹备发起了国际公务员能力建设培训班，培养了一批朝气蓬勃的有生力量，陈健大使功不可没。大家要记住，联合国非常需要中国人才，大家一定要注意培养自己、成为人才，然后去占据这些岗位，争夺我们的话语权。

联合国成立之初有一个讨论，是关于大会主席和秘书长的问题，最后也是形成了一个惯例——为了保证秘书长的公正性，5个常任理事国不担任秘书长职位，但为确保其发挥作用，可以担任副秘书长，所以5个常任理事国各自派出副秘书长的人选，中国派出的副秘书长最早是负责托管理事会，这个机构不是联合国重要部门，影响也比较小，而后逐渐开始负责发展和技术，最后过渡到大会和经社理事会，这个变化标志着中国在联合国地位和作用的巨大提升。陈健大使在任的时候负责联合国大会和大会事务管理部，陈健大使之后，沙祖康大使任职经社理事会，再是刚卸任的吴红波大使，之后是刘振民大使。在联合国系统的国际组织里，我们公安部派出的孟宏伟副部长目前担任国际刑警组织主席，这是中国人第一次担任这个职位。这个国际组织是政府间的，他上任以后就去拜会了当时的联合国秘书长潘基文。

关于联合国的维和行动就简要为大家介绍这些。

二

中国与联合国维和行动

从否定到基本肯定到部分参与到全面参与，中国参与联合国维和行动有一个发展转变的过程。1949—1971年即80年代前，由于冷战的影响，联合国常被个别大国操纵利用，长期拒绝恢复中国在联合国的合法地位，维和行动成效不大，甚至成为少数西方国家行使霸权的工具、干涉别国内政的借口。因此，中国持反对态度，采取抵制行动，实行“三不”政策（不参与、不投票、不摊款）。恢复合法席位以后，由于受到外交指导思想的影响，国内认为联合国维和部队作用很局限，对维和行动持消极保留态度，毛主席“不向国外派一兵一卒”，不外派部队，不承担摊款，不参加投票或投弃权票。20世纪80年代初，国际形势发生很大变化，多极化世界成为大多数国家的愿望，1981—1999年中国对联合国维和行动态度有所转变，逐步采取了谨慎的积极态度，明确表示肯定并原则支持符合联合国宪章精神的行动，同意支付维和行动摊款。1986 年，中国派出考察组赴中东实地考察了联合国执行维和任务情况，当年对安理会有关维和行动的七项决议，中国均投了赞同票，此后采取了区别对待、积极支持的姿态。1988 年底，联合国第 43 届联大通过决议，同意接纳中国为维和行动特委会成员国。

1989 年中国首次派出了 20 名民事人员，拉开了中国参加联合国维和行动的序幕。1990 年，中国首次派出军事观察员到中东执行任务。1992 年，中国派出 800 人组成的工程兵部队到柬埔寨。1997 年，中国原则同意加入联合国“维和待命安排”。1999 年，中国宣布正式派遣维和警察参与联合国维和行动。2000 年 1 月，中国派出第一批维和警察到东帝汶支助团执行任务，当时是 15 个人。有一个时间上的巧合，让人又喜又悲，2000 年 1 月 12 日是中国维和警察走出国门赴东帝汶执行维和任务、实现了历史性跨越的日子。整整 10 年之后，2010 年 1 月 12 日海地发生了大地震，中国 8 名维和警察在地震中遇难，整个维和界为之动容。对维和英烈深切的追忆和悼念成了十周年独特的纪念。

我所在的中国维和警察培训中心于 2000 年 8 月 8 日正式挂牌成立，我非常荣幸地成为开拓者，见证并亲历了中心从初建到成熟的全过程。2001 年 1 月，我们向联合国波黑任务区派出首批 5 名维和警察，当年 10 月派出第二批 10 名维和警察，2002 年 1 月派出第三批 5 名维和警察执行轮换任务。2001 年，我们维和工作就基本走上正轨了，国防部、公安部分别成立了专门领导及办事机构：国防部成立了国防部维和事务办公室，现为维和局；公安部成立了维和警察工作领导小组，分管副部长担任组长，其中涉及了部内的 9 个局级单位，包括人训、宣传、国合、装财、边防、武警学院等。

1997 年 5 月，中国政府决定原则上参加联合国维和待命安排。2002 年 1 月，中国正式参加联合国维和行动第一级待命安排机制，并准备在适当时候向联合国维和行动提供工程、医疗、运输等后勤保障分队，可向联合国维和行动提供 1 个联合国标准工程营、1 个联合国标准医疗分队、2 个联合国标准运输连。中国 2003 年派出军事医疗队和工兵连赴联合国刚果特派团执行任务，2004 年首次派出防暴队。在 2004 年之前包括 1990 年派出的维和部队里，没有携带枪支执行作战任务的，我们基本上是工兵、医疗、后勤保障性的团队，从 2004 年开始公安部派出了维和警察防暴队。维和警察防暴队是介于维和部队和单警的维和警察之间的一支武装力量，需要携带装甲等各种作战和保障车辆、包括武器装备等，以自我维持。公安部首次派出维和警察防暴队是去海地，我们总共向海地派出了 8 支维和警察防暴队，最后一支遭遇了海地大地震。当时海地任务区的任务基本结束，接下来主要是维和单警发挥作用，我们的力量准备转移向非洲和其他的任务区，当时我们已经接到联合国利比里亚任务区的派遣请求。

2007 年，国家主席胡锦涛访问利比里亚，专程看望了我们的维和人员，并题词：忠实履行使命，维护世界和平。2009 年 6 月，国防部维和中心正式挂牌成立，公安部的维和中心是在廊坊，国防部的维和中心是在怀柔。2015 年，中国向塞浦路斯派出维和警察。2016 年 10 月，公安部国际合作局副局长杨少文竞聘到联合国维和行动总部担任警察司副司长职务，这也是我们中国人第一次在维和行动部中担任此职务。2016 年中国向达尔富派出直升机分队，直升机分队有 140 个人，配备的是 4 架 5171 中型多功能运输机。2016 年 6 月，公安部常备维和警队率先组建完毕，这是在习近平主席在联大宣布中国将率先组建常备成建制维和警队和 8000 人规模的维和待命部队之后，中国率先组建的。2017 年 7 月，公安部常备维和警队防暴一队、防暴二队经过严格训练，顺利通过联合国甄选评估，330 名队员全部列入联合国维和待命机制，在山东东营驻扎。2017 年 9 月，国防部新闻发言人吴谦大校在例行发布会上宣布，中国 8000 人规模的维和待命部队已经完成在联合国的注册工作，也就是说迄今为止，习近平主席在联大承诺的常备维和警队和维和待命部队已经组建完毕，随时准备派出。

截至 2017 年 8 月，中国总共派出维和人员达 3 万多人次，目前有 2654 名维和人员在 10 个任务区工作，其中警察 161 人，在 113 个派兵国中排 11 位，是安理会 5 个常任理事国中人数最多的，但我们现在面临的是国际公务员在联合国系统里面代表性明显不足的问题，这是一项任重道远的任务。

三 中国的维和警察工作

公安部是中国警察管理的最高权力机关，负责维和警察的选拔、培训、派遣和管理等事务。

1998 年，中央批准了公安部和外交部联合上报的关于建议选派民警参加联合国维和行动的请示，维和警察工作正式启动。2001 年 4 月，公安部成立了维和民事警察事务领导小组，办事机构在公安部的国际合作局，叫维和民事警察工作处，同时也批复了在武警学院成立中国维和民事警察培训中心。后来 2007 年根据联合国称谓的变化，维和民事警察更名为维和警察，相应的名称也都做了更改。从 2000 年 1 月开始，中国共向东帝汶、利比里亚、海地等 9 个联合国任务区派出维和警察 2612 人次，其中防暴队 13 支（海地 8 支、利比里亚 5 支）。海地任务 10 月 15 日宣布结束，联合国通过决议，自 10 月 16 日开始在海地派驻一个司法支助团，协助海地政府巩固近年来取得的成果，强化政府结构，并加强国家在法治、发展警察和维护人权方面的能力，在联合国的维和史上等于是多了一项任务。目前我们有 161 名维和警察在阿富汗、利比里亚、南苏丹、塞浦路斯，纽约总部有我们 3 人，还有布林迪西 1 人。维和警察在联合国任务区的主要工作：一个是执行性的任务，就是当警察；再一个就是监察，即监督指导当地警察工作。现在随着形势的变化，工作的侧重点实际上类似于建设和平，如培训指导当地警察，改革、重组执法部门。中国维和警察在任务区有着非常优异的表现，中国的维和警察走出去都是一道很靓丽的风景。

我在武警学院工作了30年，其中一半的时间是在中国维和警察培训中心。培训中心位于河北廊坊，承担维和警察培训、联合国及维和研究、相关国际合作与交流等三大任务。中心专业的团队、完善的设施向世界无声宣示了中国对联合国维和行动认真的态度、务实的投入和坚定的支持。中心以建设世界一流的维和培训中心为目标，秉持“面向世界，文化引领，特色立足，内涵提升”的工作思路，忠实履行三大任务，或者说三大支柱：一个是维和培训课程体系建设，我们规划构建阶梯式的立体化的课程体系，从派遣前的培训、指挥官的培训、高级研修型培训直至研究生教育，到目前为止，目标初步实现，2018年我们开始培养研究生了，当然也是依托了武警学院学科的优势和资源；二是联合国及维和研究；三是对外合作与交流，维和是一项国际性的工作，不能闭门造车，所以我们着眼洲际特点及代表性，积极构建了遍布五大洲的国际交流合作网络，成果丰硕。

中国是世界上为数不多的设立了警察、军队两个培训中心的国家。国防部维和中心建在怀柔，2009年建成并投入使用。中心主要承担维和部队中高级培训、国际交流与合作以及理论研究三方面职能。

维和警察的培训工作以联合国规定课程为核心，叫做核心部署前训练材料和联合国警察专门训练模块，2009年我们率先向联合国申请，在2012年通过了联合国的派遣前课程认证，成为亚洲第一个，世界第九个通过该认证的国家。2016年，维和警察派遣前培训课程首次4年认证期满，于2017年再次通过联合国续评认证。

中国维和警察培训中心的培训对象主要是单警和成建制防暴队，以及外国警察（至今培训了近千名）。

单警的培训内容分为派遣前核心培训（CPTM，Core Pre - deployment Training Material）和专业培训（STM，Specialized Training Modules）。派遣前核心培训包括：联合国维和行动战略层面的概述，联合国维和任务的建立和运行，维和人员的标准、价值观和安全，维和任务中的性别主流化和对平民的保护。专业培训包括：基础的社区警务，联合国维和警察的核心业务和关键伙伴，逮捕拘留中的人权标准，武力使用中的人权标准，地面导航，指导和建议，协商调解和翻译使用，对讲交流，报告写作，警察和法律执法机构的改革、改组和重建，联合国维和警察和不同的法律系统，道路安全和车辆驾驶。

防暴队的培训内容包括：核心综合训练（Core Integrated Training）、基础警察技术（Basic Police Techniques）、人群控制技巧和策略（Crowd Control Techniques and Tactics）、枪械训练（Firearms Training）、公共秩序管理（Public Order Management）、人员设施安全（Security for UN Personnel and Facilities）、迎战原则（Rules for Engagement）、装备携带（FPU-Contingent Owned Equipment）、指挥人员的专业训练（Specialized training for Command Staff）等。其中基础警察技术包括：基础自卫能力、车辆控制、开阔地带和建筑里的战术运用、发展急救、压力敏感意识等。联合国维和警察的甄选考试内容包括：语言、驾驶、武器运用与射击、计算机操作、综合面试。防暴队的甄选考试内容在维和警察考试内容的基础上还要加入行动能力评估和携带装备检查评估，行动能力的评估，考察体能、战术、指挥、装备、安全、协同等方面的内容。

我们中国维和警察培训中心现在也在培养研究生，2017 年首次招生培养，维和学和维和警务硕士一共是 11 人。在联合国系统要有进一步的发展也是讲究学历的，我们维和战友在联合国系统里就遇到过这个瓶颈，所以我们需要把这个短板补上。另外，从培养人才的角度来看，我们也是需要向这个方向发展的，而且依托武警学院，依靠社会的综合优势，我们在这个领域是可以做事情的。咱们大学里有很多研究维和的专家学者，我觉得这些力量应该整合起来。研究生的培养会给我们人才的培养注入新的活力，这是中心发展的必经之路，我们欢迎在座的各位关注和支持指导。中国维和警察培训中心不是我们小团队的中心，而是国家的中心，代表中国警察、中国维和力量的综合水平，包括思想境界、业务能力、管理水平等方方面面。虽然我们身处廊坊，但是我们伸开手去，我们的指尖已经触摸到了世界。所以我们培训人员的水平，也决定了维和警察的任务水平，决定了我们在世界上的形象。我们的维和警察走到外面，每个人都是一个流动的形象工程，代表着中国，每个人都是一张名片，刻着鲜艳的五星红旗，那么中心也是这样，它是一个风景秀丽的窗口，让世界看到了中国。

习近平主席在联大做出了六项承诺：一是参加联合国新的维和待命机制，建立常备维和警队和 8000 人规模的维和待命部队；二是设立为期 10 年、总额 10 亿美元的中国—联合国和平与发展基金，并将该基金的部分用于支持维和；三是在未来 5 年内，向非盟提供总额为 1 亿美元的无偿军事援助，以支持非洲常备军和危机应对快速反应部队建设；四是应联合国请求派出更多的维和部队；五是帮助其他国家培训 2000 名维和人员；六是设立 10 个排雷援助项目。

前不久，国际刑警组织第 86 届全体大会在北京召开，1994 年的时候中国曾承办过一次，我当时还在会议上给国际刑警组织主席做联络员，陪着他出席整个会议的活动。现在坐在主席台上的是我们中国人。习近平主席亲临开幕式并做主旨演讲，提出了很多具体的、务实的措施，在国际执法合作这一块，又将有很多非常务实的投入，我们国际交流合作也会大大加强。

人才发展的战略是国家战略，特别是在国际公务员这个平台上，我希望我们在座的同学要提升责任意识和主体意识，以后国际舞台很大很宽，登上这个舞台，是对世界的贡献，同时也是对国家的贡献。联合国需要中国人，中国在前所未有地走近世界舞台的中心，这个定语是前所未有的，还有一个就是具备自信、从容的态度。在座的各位都是潜力股，我特别热切地希望大家清醒认识到，这个世界需要你们，需要德才兼备、有能力的你们，作为外语外事人才，你们是得天独厚的，所以希望寄托在你们身上！

最后，请允许我重复一些说过的话。派遣维和警察参加联合国维和行动，是党中央国务院做出的一项重大外交部署，全体人员牢记使命，忠诚履职，在生与死、血与火的考验中，创造出骄人的工作业绩，以实际行动展现了中国警察威武之师、文明之师、和平之师的光辉形象，赢得了国际社会的广泛赞誉和普遍认可，展示了社会主义中国和中国警察的良好形象。中国是联合国维和行动的坚定支持者和积极参与者，我们维和警察队伍是坚韧不拔的践行者。他们把个人理想和祖国的需要、世界和平的需要紧密相连，以维护世界和平为重要使命，以强烈的爱国热情铸就为国争光的信念，用专业敬业文明友爱的具体实践，勇于担当，使驻在国人民了解中国，传递了中华民族和平友好、自强不息的民族精神。他们是和平的维护者，是特殊的海外工作队，也是当之无愧的特殊外交官！王光亚大使访问海地时，在我们防暴队营地动情地告诉我的战友们："我是大使，其实你们才是真正的大使！"就让我借用维和警察中国使者之名，在"大使看世界"系列寻一席之地吧！

我借用习近平主席十九大报告当中的几句话来结束这次交流："青年兴则国家兴，青年强则国家强。青年一代有理想、有本领、有担当，国家就有前途，民族就有希望。""广大青年要坚定理想信念，志存高远，脚踏实地，勇做时代的弄潮儿，在实现中国梦的生动实践中放飞青春梦想，在为人民利益的不懈奋斗中书写人生华章！"联合国的舞台责

无旁贷，我相信大家一定能有所作为，与大家共勉，谢谢！

水平所限，信口开河，错误在所难免，欢迎大家批评指正！文中不少引述是多年来学习的积累，请恕盗用之嫌！

第八讲

国际格局及中国外交面临的挑战

— 贾庆国 —

关于国际格局及中国外交面临的挑战，我想主要谈谈下面三个方面的内容：第一，如何看待当前的世界格局。第二，在当前世界格局下中国面临的主要问题和挑战；最后简单谈谈外交和国家未来之间的关系。

一

当前的世界格局

首先来谈谈当前的世界格局，这是一个非常宏大的题目，大概可以从三个角度来看：第一，全球化进程的加速与逆转；第二，国际格局的深刻变动和转型；第三，中国与外部世界关系的不确定性增加。

（一）全球化进程加速

1. 经济一体化

全球化最根本的就是经济一体化，我们每个人都能切身感受到它带来的影响，包括跨国制造、创造、消费和零售都在成为现实；资金、技术、人才跨国流动速度加快。从跨国制造的角度来看，现在我们用的家电、通讯设备有很多都是跨国制造的产品，比如我们使用的手机就

不是由一个国家制造的，它的技术和零部件是由很多国家制造的，电脑、火车、飞机等也是由多个国家共同制造的。C919 大型客机说是中国制造，但包括一些核心的部件像发动机也是进口的。所以说，现在真的很难找到某辆汽车、某架飞机是完全由某个国家自己生产的，以至于有人会去抵制某个国家的货，但并不知道他用的东西里就包含了那个国家的产品。

跨国消费也变成一个现实，现在进口的东西越来越多，这跟 30 年或者 20 年以前不一样，那时如果想买国外货，要么就去国外买，要么就只能在中国的出国人员服务部买，在那里买所谓的“八大件”。现在不同了，我们在许多商店和超市都能买到进口商品。

另外，跨国创造在中国也变成一个现实，像美国的微软，早已在中国设立了微软研究院，还有华为、海尔等中国的一些跨国公司，也在海外设立了自己的研发基地，它们为什么要这么做呢？它们为什么不把作为企业发展的核心要素技术研发放在自己国家呢？当然有各种各样的考虑，像微软，它考虑的可能是中国的软件工程师水平不错，成本很低，如果去硅谷雇佣同样的人可能就会花好几倍的价格。再比如海尔，它在美国设立研究基地可能是想规避美国针对国外企业的进口。资本是逐利的，在这样一个过程中，跨国创造就变成了现实。

再有就是跨国服务正在成为现实。大家都知道世界四大会计师事务所，这是跨国服务的典型。还有咨询，我的一些学生也在搞咨询，自己开了咨询公司，为境内外客户提供服务；还有问询，比如说你在美国的某个机场把行李丢了，你会打电话询问行李的去向，接线员可能就是一个印度的小姑娘，她在印度帮你寻找你在美国丢失的行李。那么为什么是印度人呢，因为服务好还便宜，美国机场会把这种服务外包给印度的一家公司。

还有就是跨国零售，之前在跨国消费中提到人们在商店中可以买到外国的商品，那么外国的零售企业可以开在我们国家。前不久，阿里巴巴和美国大型连锁仓储超市 Costco 签了一个协议，Costco 里的东西量大、质量好、价格低，很多去美国的中国人都要去 Costco 买东西，而且还要找朋友借会员卡进店，如果这个协议得到落实，会对中国的零售业造成冲击。所以说全球化已经在方方面面影响着人们的生活，使我们的生活更丰富、更方便。在全球化过程中，我们与世界的关系越来越密切。

2. 经济相互依存和影响程度上升

在全球化背景下，国家间经济的相互依存和影响程度上升。以中国为例，一方面，外部世界对中国经济方面的影响加深，像市场、资源、核心技术、美国国债、经济增长速度等都对中国的经济产生很大的影响。我记得 1997 年亚洲金融危机时，华尔街有一个代表团去拜访朱镕基总理，朱总理跟他们说，他天天在看美国的股市，很担心美国的股市会跌下来，这样会对中国的经济产生很大的影响。当时的中国领导人就非常强烈地意识到外国经济的波动对中国经济的影响，而现在的影响更大，2008 年金融危机时，我们非常紧张，所以迅速出台了 4 万亿的经济计划，现在有很多人抱怨当时出台的政策太仓促，以至于带来的负面影响到现在还没有完全消除，但是在当时的情况下，我们做得已经算不错了。再看看当时的美国，美国前财政部长萨默斯给我们做报告时说，当时他感觉美国经济不行了，股市呈自由落体式下降，仿佛世界末日正在到来，可见美国比我们还要恐慌。当时我们的经济增长速度从 10% 以上跌到 6%，美国经济出问题对我们的经济造成了很大的影响。

另外一方面，中国经济对外部经济的影响也在加大。现在中国市场需求的波动直接影响到世界市场的期货和价格波动，包括中国的天气都会影响到芝加哥粮食期货交易价格，如果粮食主产区今年风调雨顺，中国的粮食会增产，这就意味着中国会减少从外国进口粮食，这样就会改变世界粮食供求关系，从而影响芝加哥粮食期货交易价格的变化；反之如果中国的粮食主产区出现灾害（旱灾或涝灾），芝加哥的粮食期货价格就会暴涨，因为中国会大量进口粮食，中国的体量很大，会大大改变世界市场的供求关系。前些年中国制造的商品在西方发达国家的百货超市中随处可见，我记得有报道称有一个美国人，她对中国有意见，发誓不用中国制造的东西。后来她就感叹，离开中国制造的日子真的不好过。中国货之所以在国外那么受欢迎，是因为它物美价廉。现在中国的资金对外国的影响也越来越大，中国现在有钱了，和过去有很大不同。改革开放之初，中国缺钱，所以制定了各种优惠政策来吸引外国资金到中国来投资。但这些年随着中国经济的发展，中国的资金就不那么短缺了，甚至出现了相对过剩，于是就开始向外投资，中国“走出去”战略的实施和资金的充裕有很直接的关系。怎样把资金盘活，让它发挥更大的作用，成为一个新的问题。也就是在这样一个背景下，中国政府提出了“一带一路”倡议，为此中国要投入很多钱，所以引起了世界的关注。2015 年我去威尼斯参加一个以“一带一路”为主题的会议，是意大利前总理普罗迪的基金会主办的，邀请了很多欧洲前政要以及不少国家的部长和官员，他们都很重视“一带一路”，认为中国提出的这个倡议意味着中国将投入大量的资源并且吸引进来大量的资金，谁要是不抓住这个机遇，那么它的经济发展就会落后，这也说明中国对外部世界的经济影响越来越大。在上述背景下，中国和外部世界经济上的相互依赖和影响程度不断上升。

3. 共同面临的问题增加

在全球化的背景下，大家共同面临的问题也在增加。从国际秩序这个层面来看，失败国家的问题比较严重，当年阿富汗就是一个失败的国家，直到现在也没摆脱这种情况。所谓失败国家就是该国政府无法控制国内局势的国家，失败的国家还意味着政府无法制止内战以及种族、教派之间的残杀，像伊拉克、叙利亚都属于这种情况。对领土主权的挑战也成为共同面临的问题，如俄罗斯支持克里米亚独立的问题，克里米亚独立从国际法上讲是一个很大的问题，因为如果你承认它是合法的，那么就意味着一个国家内部的一部分人可以通过公投的方式决定这个国家的某个地区是否可以独立于这个国家，即从这个国家分离出去。中国对此是坚决反对的，因为我们反对台湾独立。所以对于俄罗斯支持克里米亚独立这个事中国很纠结，一方面觉得俄罗斯这么做有它的道理，毕竟当年是赫鲁晓夫把克里米亚给了乌克兰，当时乌克兰还是苏联的一部分，所以不构成很大的问题，但是后来苏联解体，乌克兰独立了，克里米亚就出去了，所以普京对此一直耿耿于怀，想将其收回来，从这个角度来讲是可以理解的。但是另外一方面，中国也认为，这样做违反国际法，会制造一个很不好的先例，还会影响到台湾问题。领土主权问题还体现在其他方面，如对传统主权原则的挑战或侵蚀，联合国提出的“保护的责任”就是一例。所谓“保护的责任”就是，每个国家的政府都有责任去保护其人民的生命和财产安全，如果一个国家的政府不履行这样的责任，那么国际社会就有权代替它去履行这个责任，也就是不能以主权为由来拒绝国际社会代替你履行这个责任，这是联合国通过的一个原则，也是对传统主权观念的一个挑战。当然，虽然这个原则确立了，但是碰到具体问题时还是很难落实。

国际经济秩序也存在着很大的问题。2001 年开始的世贸多哈回合谈判到现在为止没有取得具有实质意义的进展，在这样的背景下，区域性的贸易机制开始出现、增加，试图绕开世贸组织谈区域自由经贸协定，比如说跨太平洋伙伴关系协定（TPP）、区域全面经济伙伴关系（RCEP）。TPP 是由奥巴马牵头推动的，特朗普上来后退出了 TPP，所以现在的情况有点变化。还有国家间谈的自由贸易区（FTA），包括中国在内的很多国家都在签各种各样的自由贸易区协定，为什么会出现这种情况呢？很大程度上还是因为像世贸组织这样的全球贸易机制的谈判迟迟取得不了进展，所以有些国家便开始在双边和区域层面来谈进一步开放的问题。

同样，国际安全秩序也面临很大的挑战。比如核不扩散机制应该说已经受到了非常大的冲击，印度和巴基斯坦已变成核国家，虽然国际社会还没有正式承认它们是合法的核国家；还有国家没有公开宣布自己是核国家，但是大家都知道它拥有核武器，像以色列；还有的国家在积极发展核武器，并且已经发展到一定程度了，如朝鲜，国际社会想让它放弃使用核武器，但是朝鲜不理会。前两类国家中，印度和巴基斯坦已是既成事实，以色列因为没有公开宣布，再加上其政府相对务实和理性，所以大家对它没有很担心，大家真正担心的是朝鲜，因为朝鲜这个国家的一些行为方式让很多人琢磨不透，它和韩国处于对立关系，它的对外讲话非常激烈，所以大家都非常关注这个问题，如果朝鲜有了核武器，美国人担心它可能会对其他国家进行袭击，还有可能用核武器进行敲诈。

其实更大的问题是核扩散，朝鲜如果有了核武器，韩国和日本必然也要发展核武器，现在这两个国家内部主张发展核武器的人越来越多，如果日韩发展核武器，更多的国家也会参与到发展核武器的队伍中来，国际的核不扩散机制就会名存实亡。还有很多其他方面的问题，像恐怖主义问题、外层空间问题以及网络安全问题。网络安全是一个非常严重的问题，现在我们对于网络安全问题的了解还是很肤浅的，可以想象，它对人类的生产生活方式会产生极大的冲击。现在，个人隐私已经基本消失，无论你走到哪里，你的行踪都会被记录下来，无论你说什么，你的声音也很可能会被记录下来，这是在个人层面上。在国家层面上，所有的武器系统都是和网络挂在一起的，如果谁通过网络把武器系统控制住了，那么他就可以通过你的武器来攻击你和他人。我记得有一次加拿大一位驻华公使兼参赞对我说他们使馆内举办网络安全教育，说家里的有线电话都可以变成一个录音机。还有电脑，尽管关机了，但如果还接着电源，别人就可以通过电线来启动电脑把你的东西窃走。所以说，网络对我们造成的影响还是非常大的。现在所有的基础设施可能都和网络挂在一起，如果说有人把网络控制住了，他可以让飞机掉下来、让火车撞上、让城市没有电。总的来说，网络在给人们带来巨大便利的同时，也给人类生活带来很大的潜在威胁。所以，国际上非常关注的一个问题就是如何通过协商在网络空间建立一些规则和规范，使网络空间的活动能够变得有序，现在处于一种无序的状态，这是很危险的。

另外，还有很多其他国际问题和全球化有关，如环境、气候、卫生、移民、跨国犯罪、粮食、水、能源等，这些都是人类要面临的问题，以前这些问题大都是国内问题，但现在都变成了国际的、全球的问题，单个国家或者几个国家是无法解决的。

在全球化进程加速过程中，也出现了对全球化的抵制和反弹的问题。也就是在这个背景下，特朗普当选美国总统。为什么特朗普会当选呢？这也不是偶然的，在很大程度上与全球化有关，美国是全球化过程中最大的受益者，美元是世界货币，美国人花钱比较超前，总是借钱花钱，因为钱不够可以再印，从这个角度来讲全球化对美国来说是很有益的，在其他方面它也获得全球化带来的好处。美国的问题在于它对于全球化带来的好处的分配太不公平，好处都被全球化的直接参与者获得了，那些没有直接参与全球化的内陆城市及农村地区的人得到的好处就非常少，甚至有很多人不仅没有得到好处，还受到伤害，比如说由于国外竞争，工厂垮了，他们就会失业。我 1981 年去美国时，当时给我安排了一个东道主家庭，主要是为了帮助外国学生适应当地生活，逢年过节会请我去他们家吃饭，我遇到什么问题也可以去求助他们，那对夫妇非常友善，毕业以后我每次到康奈尔都会去看望他们。30 年过去了，他们的日子一点都没有变，房子还是原来的房子，只是人老了，挣钱少了。他们属于中产阶级的下层，30 年中他们的经济没有明显改善。他们还算不错的了，还有很多人失业了，就只能去麦当劳这种服务行业打工。这些人最终在总统大选中就选择了特朗普。为什么要选特朗普呢？因为他们在全球化过程中没有得到好处，感受到了全球化的冲击，觉得很无助，需要国家帮助他们来抵御全球化带来的冲击，特朗普说他可以帮助他们，于是他们最终选择了特朗普。

不少美国人有一个很大的毛病，即有些事情实际上是自己国内的问题没解决好，但是他们会说是外部因素造成的，像特朗普就会把责任归咎于其他国家，实际上这些问题大都是国内政策造成的。全球化给美国带来了那么多好处，如果这些好处给内陆地区中产阶级多分配一些，问题也就不会如此严重。但是美国不善于解决自己的问题，它总是希望通过解决外部问题来缓解自己国家的矛盾。特朗普上台是逆全球化或者反全球化的一个象征意义的事件，上台后他试图改变美国历届政府坚持的政策，包括放弃“领导”责任、主张美国第一、要求贸易双边平衡、退出多边机制等。

英国脱欧也是反全球化的现象。其他发达国家反全球化的势力也在增强，包括法国、意大利。有一段时间大家特别担心这些国家也会出现像英国脱欧、特朗普当选这样的情况，但是后来没有出现，大家才放心了。不管怎样，至少在最近一段时间内抵制全球化的力量还在增强。

（二）国际格局的变动和转型

1. 美国的综合实力下降

所谓国际格局就是力量对比的情况，现在的国际格局可以说是美国的综合实力在下降，主要表现在这样几个方面：一是2008年金融危机和布什政府前期不负责任的财政政策使美国经济受到重创，到现在还在恢复的过程中。在这个背景下，美国倡导的经济发展模式和政治发展模式受到越来越多的质疑。这两年，中国国内很多人开始质疑西方市场经济的一些基本原理，在过去30多年的改革开放过程中，正是运用了市场经济的很多做法，中国经济才快速地发展和繁荣起来，但是现在这些做法开始受到不少人的质疑。美国的民主也受到了质疑，上海的一个学者写了一篇论文提出中国的民主比美国的好，这方面的文章越来越多。不光是在中国，其他很多国家也出现了这种情况。

二是美国军事实力的增长速度大幅减缓，突出地表现在前几年，也就是奥巴马执政的后期。由于财政赤字高企，美国政府决定大幅削减财政开支，包括军费开支，结果有两年削减的幅度非常大，第一年是5%，第二年是10%，使得美国军事实力的增长受到很大的冲击。那时许多中国人担心美国重返亚洲，即亚太再平衡，其实仔细来看，现实和说法是非常不一致的，美国在亚太地区的投入在那几年并没有增加，怎么能叫“重返”或“再平衡”呢？当然还有一种说法说是确实有再平衡，因为美国在这个地区的投入并没有减少，但是在其他地区的投入减少了，这就是再平衡了，但是这与那些人想象的是不一样的。

三是欧洲经济缓慢，占世界 GDP 份额大幅减少，美国领导的西方世界整体实力和影响不断下降。1980 年，在二十国集团（G20）中，西方发达国家 GDP 的占比为 78.2%；1990 年，这一数字为 84.6%，可见那时西方国家的实力在不断上升。1990 年，美国的 GDP 占比为 32.4%，日本占 16.8%，中国仅占 2.8%。2000—2014 年这种情况出现了逆转。2000 年，在二十国集团（G20）中，西方发达国家 GDP 的占比为 82%，开始出现下降；2010 年，这一数字为 68.2%，下降了 14 点；2014 年，这一数字为 58.3%。西方国家的总体实力下降非常明显，而且速度加快，但是中国的占比大幅增加，到 2014 年，占比从 2.8% 上升到 17%；而美国从 34% 左右降到 28.5%，日本从 17% 降到 7.6%，减少了 10 个点。美国经济实力的下降直接影响到军事实力的增长。2012 年美国军费下降了 5%，2013 年下降了 10.5%，美国在世界的军费占比从过去的 50% 左右下降到现在的 38% 左右。

2. 中国的崛起继续

国际格局的第二个变化就是中国的崛起在继续，表现在经济、军事以及在世界上的地位和影响快速上升。中国的经济规模快速接近美国：根据世界银行最新统计，按平价购买力方法计算，中国的经济规模 2014 年超过美国；按市场汇率计算，据许多经济学家和金融机构预测，不久的将来也会超过美国。北大的林毅夫先生比较乐观，他认为这是很快的，另外一些人则认为这需要更长的时间，总的来讲大家都有一个预期，认为在不远的将来，中国 GDP 的规模会超过美国。经济实力的增长使得中国有更多的钱来推动国防的现代化，军事开支和能力大幅提升。中国开始拥有以东风系列导弹和歼 -20 为代表的一系列先进武器装备，解放军装备水平大幅提升；军事训练质量也有明显改善，以前的军事训练更多像拉练、表演，而现在的军事训练越来越真实，越来越接近实战。一个军队能不能打仗在很大程度上取决于平常的训练状况，所以说现在中国的军队比之前强很多。中国在世界上的地位和影响力不断提升和增强，无论是在经济还是政治和文化上。我 1986 年开始参加国际会议时，记得美国人和苏联人讲话的时候大家都不说话了，竖着耳朵听他们讲，到了中国人和其他国家的人讲话时大家就恢复正常了。现在不一样了，中国人讲话时人们也都会竖起耳朵听，作为学者能感受到这些变化。

3. 美国地位的下降是相对的

虽然以美国为首的西方世界的总体实力在下降，但是美国地位的下降是相对的，美国的一超地位在可以预见的未来还是很难撼动的，无论是经济、军事、科技和政治影响力方面都是很难撼动的。尽管受到特朗普政府处理国际事务的理念和做法的严重冲击，但是美国及其领导的西方世界依然强大。随着美国经济的复苏，美国的地位和实力还有可能重新得到加强。20 世纪 80 年代里根执政时，美国的财政赤字很高，当时很多人担心美国的经济，但是到了克林顿时期，原先还不了的账很快就还清了，到克林顿离开的时候，美国政府的财政甚至还有盈余，到 2000 年左右，美国比二战以后的任何时候都强大。“9·11”事件以后，我参加过美国的一个闭门会议，讲到“9·11”以后的国际形势时，一位美国官员感叹到，“9·11”以后有很多事情没想到，比如俄罗斯、中国非常主动地表示支持美国，他说他想来想去只有一个原因，那就是美国太强大了！当美国受到袭击的时候，大家不论情愿不情愿都要支持美国。从这个意义上讲，当今世界还是单极世界，所谓单极世界就是世界上只有一个大国，它的实力远远超过其他国家。虽然也出现了“多极化”“一超多强”等提法，但其实说白了就是单极世界。当然，由于中国的崛起，多极化的势头确实在加强。

（三）中国与外部世界关系不确定性增加

世界格局第三个特点就是中国与外部世界关系的不确定性增加，这种不确定性与中国的崛起有关，崛起中的中国身份和利益出现了不确定性，它既不是崛起前的中国，也不是崛起后的中国。崛起前的中国是一个贫穷、落后、虚弱、受人欺辱和在世界上没有多少影响力的中国；崛起后的中国应是一个富裕、先进、强大、受人尊敬和在世界上有着举足轻重影响力的中国。崛起中的中国是一个两者兼有之和两者都不完全是的中国，兼有崛起以前和崛起以后的成分。所以，崛起中的中国身份和利益在多方面是相互矛盾，甚至是自我冲突的。从身份看，崛起中的中国既是计划经济国家，也是市场经济国家；既是发展中国家，也是发达国家；既是穷国，也是富国；既是弱国，也是强国；既是普通国家，也是超级大国。

身份决定利益，崛起中中国利益的双重性和矛盾性决定了它利益的双重性和矛盾性：

（1）既有作为发展中国家的利益（如在气候问题上强调发展权），也有作为发达国家的利益（如在气候问题上积极节能减排）。前几年，温家宝总理率队参加哥本哈根的气候峰会，他此行的主要目的是维护中国作为发展中国家的发展权，所以他拒绝签署任何有约束力的协定。回来后，他在国家大力推行节能减排，他这么做则是在履行中国作为一个发达国家的义务。因为一方面中国是一个发展中国家，但是另一方面也有很多发达的地方，如北上广，特别是浦东。

（2）既有作为穷国的利益（如在国际援助问题上主张大幅增加援助金额），也有作为富国的利益（如在国际援助问题上强调量力而行）。

（3）既有作为弱国的利益（如在主权问题上反对国际干涉），也有作为强国的利益（如在主权问题上需要支持国际干涉）。

（4）既有作为普通国家的利益（如单边追求国家利益最大化），也有作为超级大国的利益（如通过维护国际秩序维护国家利益）。在南海问题上，公海航行自由对中国来说太重要了，有了公海航行自由，中国才能更好地维护自己的利益，对于中国这个走向超级大国的国家而言，公海自然越大越好，所以如果《国际海洋法》是今天谈判的话，中国一定不会支持200海里的专属经济区，这跟当年是不一样的，现在我们的渔民到处捕鱼都会被抓住，在很大程度上是因为中国越来越强大，我们的渔船走得越来越远了。现在中美之间一个很重要的问题就是美军对中方抵近侦察的问题，对此中国是反对的。美国人对中国人说：其实我们搞抵近侦察不是针对中国的，而是针对全世界的，所以你们也不要太在意，我们对有些国家抵近侦察的频率比你们还要高。言外之意就是说，作为超级大国，美国需要维护国际秩序来维护自身的利益，为了维护秩序，它需要收集必要的情报。现在的问题在于，如果照现在的速度发展的话，中国未来很可能也会是一个超级大国，也需要通过维护国际秩序来维护自己的利益，那个时候，中国是不是也需要对其他国家进行抵近侦察呢？现在中国是一个普通的大国，所以中国反对外国对中国进行抵近侦察，但是未来中国作为一个超级大国就可能会需要这方面的权利，就是说中国的利益是矛盾的。

崛起中的中国身份和利益的这种双重性和矛盾性对中国处理对外关系构成了非常严峻的挑战。

（1）增加了中国界定和权衡自己国家利益的难度，如在气候问题、贸易问题、国际干预问题上，到底如何做才符合中国的利益？在这些问题上，中国两方面的利益都有，很难确定哪个是中国的利益，所以决策者就要权衡，但是这种权衡的难度是非常大的。

（2）增加了其他国家判断中国对外政策的难度，中国到底要什么？在中国崛起的时候，他们特别想知道，但问题是，中国人自己都不完全知道，他们怎么可能知道？于是，他们感到很纠结。

（3）导致中国与外部世界的互动具有更大程度的不确定性，非常容易出现相互猜疑、关系恶性循环的局面。现在中国和其他国家间出现的很多问题都和这个相关。

崛起中的中国还是一个在许多方面正处于根本变革过程中的中国，其演变总的方向是从计划经济国家向市场经济国家演变，从发展中国家向发达国家演变，从穷国向富国演变，从弱国向强国演变，以及从普通国家向超级大国演变。它的利益演变的方向也是如此，除非极端情况发生。崛起中的中国身份和利益的变动性与矛盾性及其演变趋势给中国制定对外政策和开展国际关系提出了新的要求，那就是不仅要充分考虑过去的身份和利益，也要充分考虑到未来的身份和利益，不仅要着眼于现在，更要着眼于未来，需要不断理性和务实地加以平衡。

二

中国外交面临的问题和挑战

在上述背景下，中国外交面临的主要挑战有哪些？我认为至少应该包括以下几个方面：（1）如何看待中国与外部世界的关系；（2）如何界定新形势下中国的国家利益；（3）如何界定新形势下中国的对外战略目标；（4）如何处理好与美国的关系；（5）如何处理好中国与周边国家的关系；（6）如何在国际上发挥积极和建设性作用；（7）如何确保中国外交保持其正确性和合理性。

（一）如何看待中国与外部世界的关系

在这个问题上一直存在两种看法，一种认为中国与外部世界的利益是对立的，中外互动是一种零和游戏，即中国好，外部世界就不好，反之亦然。比如说关于中美必然对抗的看法，还有各种各样的阴谋论。另外一种观点认为中国与外部世界的关系不是对立的，处理得好，中外互动不仅不是一种零和游戏，而且可以是，也应该是一种双赢的游戏。比如说构建中美新型大国关系的设想。

如何认识这个问题很重要，因为它直接影响到确定外交战略的目标和手段。应该说，本届党和政府在这个问题上的态度是非常明确的，那就是第二种观点，2012 年 7 月习近平同志在清华大学举办的世界和平论坛上的讲话明确表明了这一点。他说：“一个国家要谋求自身发展，必须也让别人发展；要谋求自身安全，必须也让别人安全；要谋求自身过得好，必须也让别人过得好。”这是一种非零和或双赢的思维。当然，话虽这样说，具体做起来就不那么简单了，如现在媒体和网络上充斥着对抗的言论，给外交部门造成很大压力。如何转变观念，统一思想，理性务实地看待中外关系，是党和政府面临的一个挑战。

（二）如何界定新形势下中国的国家利益

我想可能还是需要平衡，不仅需要平衡各方面的利益，还要平衡过去和未来的利益，在这之间找到一个大家都能接受的度。现在许多人还是从过去和现在的角度来界定和维护中国的国家利益：如中国是一个发展中国家，它就应强调维护中国的发展权；再如中国是一个弱国，它就要要坚决维护国家主权，反对外来干涉。但是，另外一方面，越来越多的人开始意识到仅从过去的角度来界定和维护中国的国家利益是不够的：如作为日益发达的国家，中国越来越重视环境和气候问题，因此加大了节能减排的力度；另一种认为，作为一个日益强大的国家，中国的利益正在向全球扩展，别的国家出现问题，直接影响到我们的利益，因此越来越不能对其他国家的内部事务不闻不问。

在此背景下，我们需要充分意识到崛起过程中中国身份和利益在多方面的双重性和变动性；在对外关系中，既要维护过去和现在的利益，也要维护未来的利益。这里，界定核心利益要慎重，特别是在有争议的领土和海洋权益问题上。每个领土边界协议的成功签署，都是在有关国家都做出了让步的基础上实现的，我想有争议的领土问题可能还不能算核心利益，因为核心利益是不能让步的，所以有争议的领土只能算重要的利益。那么如果它不是核心利益的话，要不要把它摆在如此重要的位置上？这是我们需要考虑的问题。此外，我认为维护国家利益的方式还应该保持低调务实、谨言慎行、顺势而为、量力而为、有所为有所不为、借力而为。

（三）如何界定新形势下中国的对外战略目标

在这个问题上，表面上看似乎没有什么争议，大家可能都认为中国外交的战略目标是为国家发展、改革开放营造一个和平安定的国际环境，但是一遇到具体问题时，好像就不是这样了，如在南海问题和钓鱼岛问题上。这里就涉及到如何处理好维权和维稳的关系？如何营造一个有利于国内发展和改革开放的国际环境？如何构建一个互利共赢的对外关系？在这些问题上，我们内部常常争论不休，也引起不少困扰。党和政府在这个问题上的态度是明确的，那就是在维护中国核心利益的基础上，积极建构合作共赢的对外关系。习近平总书记提出，中国在外交上要“多做得人心、暖人心的事，增强亲和力、感召力、影响力”，“让命运共同体意识在周边国家落地生根”。

我个人认为，除了维护一个和平安宁的国际环境以外，中国现在越来越多地需要通过以最低成本维护国际秩序来维护自己的利益。主要理由如下：过去可以搭便车，现在中国块头太大了，越来越难以做到，搞不好，车被压垮了。中国的崛起使得中国的利益与国际秩序越来越紧密地联系在一起，无论经济上还是安全上都是这样，维护国际秩序也越来越多地成为中国的国家利益。

但是，维护国际秩序是一件成本极为高昂的事，如为了维护海洋通道的安全需要很多军舰，前几年美国太平洋司令部的司令提出要搞个千舰计划，他要求各个国家凑一千艘军舰来做这件事。因为让任何一个国家来维护海洋通道的安全，它都承受不起。

美国在战后通过三种做法来解决维护国际秩序的成本问题，一是延续和扩大战时结成的军事同盟体系，二是成立了以联合国为中心的国际组织和国际机制，三是和其他一些国家搞伙伴关系。通过这些做法，美国利用其他国家的资源以最低的成本来维护国际秩序。现在看来，美国还是比较成功的。二战结束 70 多年了，美国还是超级大国，而苏联早已成为历史。

特朗普现在做的是要改变这个做法。美国要让别的国家协助维护国际秩序，它就需要承担维护国际秩序的责任和义务。特朗普认为美国只要把自己搞好就行了，不要去维护什么国际秩序，于是美国大幅减少了维护国际秩序方面的投入。在唯一的超级大国这样做的背景下，战后国际秩序正在走向弱化和衰败。

这种情况给中国带来新的挑战。在美国越来越靠不住的情况下，以后国际上的问题靠谁来牵头解决？我常在想，假如有一天美国人说朝核问题我不管了，爱怎么着就怎么着？那中国怎么办？自己有能力牵头解决这个问题吗？如果没有，朝鲜成了核国家，韩国和日本都成了核国家，其他国家也纷纷效仿，中国会更加安全吗？

（四）如何处理好与美国的关系

美国是世界上唯一的超级大国，如何处理中美关系对于中国是否能够营造一个和平的国际环境，集中精力进行国内的改革和发展至关重要。在中美关系问题上，国内外有不少人认为，崛起大国必然要与霸权国家发生对抗。历史上这方面似乎也有不少先例，所以他们对中美能否和平相处持悲观态度。美国教授米尔斯海默写了一本书叫《大国政治的悲剧》，认为崛起大国和守成大国之间的对抗不可避免。他说尽管崛起大国和守成大国可能会意识到这种可能性并采取各种措施避免它，但最终还会是以对抗结束，这就是大国政治的悲剧。所以，他认为中美对抗不可避免。但是我认为这更多地是一种逻辑推理，和现实还是有很大出入的。

仔细分析历史、现实和两国关系发展的趋势，我们发现中美建立新型大国关系应该是完全可能的。首先，历史上虽然不乏崛起大国与霸权国家之间发生对抗的先例，但也有和平相处的案例。19 世纪后半叶，美国的崛起就没有导致它与当时的霸权国家英国发生对抗，第二次世界大战后，日本和德国的再次崛起也没有导致它们与当时的霸权国家美国发生对抗。这几次大国的崛起都是和平的。所以说，崛起国家和霸权国家一定要打仗，这种说法在历史上很难说得通。

其次，仔细分析这几次大国和平崛起的原因，我们发现，19 世纪下半叶的美国和二战后的日本和德国在崛起过程中处理对外关系的方式都有以下几个共同点：（1）它们都没有挑战现存的国际秩序；（2）它们都没有进行大规模的领土扩张；（3）它们在国际上都是通过国际贸易追求财富和国家威望的；（4）它们都与当时的霸权国家（或曰守成国家）共享一些重要的价值理念。

如果这些因素是这几次崛起能够和平实现的原因的话，那么中国实现和平崛起就是完全可能的。首先，中国不挑战现存的国际秩序。应该说，中国对这个秩序不完全满意并要求通过合法渠道加以修改，但是作为现存国际秩序最大的受益者之一，中国是现存的国际秩序坚定的支持者和维护者，如捍卫联合国安理会的权威、维护国际法、主张一个自由开放的国际贸易体系等。其次，中国不搞领土扩张。事实上，中华人民共和国成立后，中国政府一直在寻求与中国存在领土争议的邻国通过谈判将边界固定下来，并签署了不少协议。现在国际上非常关注南海和东海问题上中国和一些国家在领土和海洋权益问题上的争执，但即使是在这些问题上，中国也没有提出任何新的领土主张，而且仍然表示希望通过谈判的方式解决或管控领土争议。第三，改革开放以来，中国在国际上主要是通过贸易的方式来增加国家财富和谋求中国在国际上的地位和声望的。最后，经过多年改革，中国在价值观念上与美国的差距在缩小，如市场经济、法治、人权和民主。当然，在这些问题上，中国还是需要坚持依照中国的国情以自己的方式实践自己的价值理念。

上述分析表明，中国和平崛起完全是可能的。当然，和平崛起也不是必然的，中美两国都需要做出努力使得两国能够和平相处、互利共赢。正是由于这个原因，习近平同志 2012 年 2 月访美时提出构建中美新型大国关系的设想，此后多次强调，希望双方不断充实合作伙伴关系的战略内涵，走出一条平等互信、包容互鉴、合作共赢的新型大国关系之路。2017 年 4 月，习近平同志在会见特朗普时特别强调，有一千个理由把中美关系搞好。

所谓新型大国关系，就是不重复历史上崛起大国和守成大国对抗的历史，而是创造一段合作共赢的历史。大的原则确定了，需要落实，现在的问题是如何落实。一种方式是停留在口号上，只要美国跟我们说一样的话就够了，所以中美两国有不少人都非常关注特朗普政府是否使用新型大国关系这个概念。另外一种方式是把新型大国关系落到实处，如按照新型大国关系，中美应该如何处理朝核问题？应该如何处理气候问题？通过成功的合作将新型大国关系落到实处。双方都在努力，也有一定的进展，但成效还不太令人满意。

（五）如何处理好中国与周边国家的关系

比较突出的就是中国与东南亚国家的关系、同日本的关系，以及与朝鲜的关系问题。与东南亚国家的关系中主要是领土和海洋权益问题；与日本的关系中除了领土和海洋权益问题，还有历史问题；与朝鲜的关系主要是朝鲜发展核武导致的中国的安全和国际秩序问题。这些问题都需要我们认真去对待。党和政府非常重视中国与周边国家关系，2013年10月专门召开了“周边外交工作座谈会”。从公开的报道看，召开这次座谈会的目的是为了统一思想，在维护国家合法权益的基础上，稳定和改善与周边国家的关系。正是基于这样一种考虑，中国加强了对东南亚国家的工作，与菲律宾关系取得明显突破，同时正在与有关国家加紧谈判，争取在南海各方行为宣言的基础上，早日出台南海各方行为准则。与日本的关系比较复杂，如何坚持原则、管控争端、避免冲突、实现和平共处和互利合作是对中国外交的考验。

对于应该如何处理有争议的领土和海洋权益问题，是现在就谋求解决这个问题，还是回到邓小平提出的“主权属我、搁置争议、共同开发”的原则上来？这是我们需要认真考虑的问题。有人说这个原则不好，我们搁置争议了，别国趁机开发，坚持这个原则损害了我们的利益。但这不是事实。事实是，这个原则曾经给我们赢得了几十年的和平，使得我们能够有机会发展和强大，使我们今天有能力更好地维护我们在南海的合法权益。和有些人的观点不同，我认为这个原则不仅过去适用，现在和今后都适用。

我认为朝核问题需要我们特别关注。这些年朝鲜一直致力于发展核武器，最近进行的核试验和导弹实验表明，朝鲜近期内有可能实现将核武器小型化并装在导弹上，形成核武器攻击能力。朝鲜发展核武器对国际安全有很大影响：核实验可能会引发核事故从而导致朝鲜内部出现危机；会导致天池火山爆发；会导致核扩散，如它对外出口核武器和核材料，日韩发展核武器；美国对朝还会实施预防性打击。根据美国方面的判断，在未来几个月内，朝鲜可能会把核弹头小型化，把它放在中远程导弹上，这样朝鲜就会对美国的本土进行攻击，美国认为这是一条不能逾越的红线，所以特朗普高调对朝鲜进行威胁。假如美国真的对朝鲜进行预防性打击，也会引发朝鲜半岛的危机。在这个背景下，朝鲜的内部政治到底会发生什么我们也不清楚，我们对朝鲜内部的情况了解得太少了。我们到现在为止的判断有很多都是错误的，比如说，认为朝鲜坚持不了多久，但是它坚持下来了。尽管如此，它的内部出事也是可能的，不能排除。

所以，如果朝鲜出事了我们该怎么办？这是个非常现实的问题。现在朝核有关各方都有自己的预案，如果事先不沟通，危机出现时大家按照自己的预案行事，很有可能出现不必要的冲突。比如中美两国的应急预案中都会包括控制朝鲜的核武器，不想让它落入其他国家手里，中美之间如果不沟通，危机出现后双方各自按照自己的预案行事，两国军队就很容易出现不必要的冲突，危机状态下做决策是一件很危险的事。最近一段时间我主张中美、中韩以及中国与相关国家应该尽快在危机状态出现前共同商讨应该怎样处置。作为核武器国家，中美在控制朝鲜核问题上是有共同利益的，没有原则性的分歧，双方都不在意对方去控制核武器，因为它们之间任何一方控制就意味着核武器不会扩散，但绝对不能让非核国家去控制。当然中美之间还有一些事情需要谈，如难民问题、避免中美在危机紧急处置过程中因误判出现军事冲突等。

（六）如何在国际上发挥积极和建设性作用

随着中国的崛起，国际社会对中国在世界上发挥作用有了更高的期待，这是正常的。全球化在给人类带来很多福利和便利的同时，也带来了很多共同的挑战，如国际秩序问题、大规模杀伤性武器的扩散问题、气候问题、跨国犯罪问题、恐怖主义问题等。这些问题不仅关系到其他国家的利益，也越来越多地关系到中国的利益。所以，加强国际合作来应对这些挑战符合中国的国家利益，作为一个综合国力日益强大的国家，作为一个在国际体系中有着日益重要利益的国家，中国有责任也应该与国际社会一道共同面对和处理这些问题。

此外，经过多年高速发展，中国经济“块头”规模已经很大，而且越来越大，所以越来越不能通过“搭便车”的方式来谋求国家利益了，而是越来越需要通过维护秩序来维护国家利益，这也意味着需要承担更多的国际责任。这些年，中国也在这方面做了很多的事情。当然，作为发展中国家，中国在资源上能够提供的还是有限的，因此要量力而行。承担责任除了提供资金以外，中国还有很多其他事情可以做，如要加强对全球性问题的研究，加强对其他国家在这方面做法的研究，在此基础上就全球治理提出我们的意见。

总之，履行国际责任需要中国在力所能及的情况下给国际社会提供更多的资源，更需要中国在全球治理问题上贡献我们中国人的智慧。正是基于上述考虑，本届党和政府特别重视智库的建设，希望通过加强智库建设在这方面发挥更大的作用。

（七）如何确保中国外交保持其正确性和合理性

在外交上需要有一个评估、反思和纠错的机制。根据基辛格的回忆，20 世纪 60 年代时，苏联曾经给美国提出建议，要求两个国家联合起来攻击中国的核设施，幸好美国没有同意，不然现在中国不知道会成什么样子。为什么外交会出现一些问题？很大程度上还是因为当时外交上尚未建立一个纠错机制。

现在外交上虽然有了不同的声音，但这些不同声音的表达常常是无序的和情绪化的，特别是网上，充满了谩骂和诅咒，使得理性的讨论难以进行。即使在内部会议里，对外交问题的讨论也很不充分，这种情况不利于理性和务实地决策。所以要解决这个问题，就需要采取一些措施，一个是要设立政策评估机制，定期评估重要政策和决定，看是否存在问题、是否过时；另外一个是要制定相关法律法规来保护智库和专家学者在一定范围内提出自己不同意见的权利，这是国家利益的需要。

三

外交和中国的未来

中国的未来首先取决于中国自身的变革，国内的事情做好了，中国就会继续繁荣、强大、进步，并在世界上发挥积极和建设性作用；反之，就会出大问题。当前中国最重要的问题是如何落实好十九大精神和十八届三中、四中全会提出的多项重大改革措施。我觉得这些措施落实好了，国家就强大，人民就幸福，中国的合法权益就可以得到有效的维护，中国在世界上的地位就没人可以撼动。

当然，这不是说外交不重要，恰恰相反，中国的未来也取决于中国如何处理好对外关系。处理好了，中国才有可能集中精力把自己的事情做好；处理不好，中国就无法集中精力做好自己的事情，甚至会陷入与他国无休止的对抗与纷争的陷阱之中。

当前中国外交的首要任务仍然是为中国的改革和发展营造一个和平和稳定的国际环境，为中国的改革和发展保驾护航。要做到这一点就需要认真和合理地应对上面提到的各种挑战。相信党和政府有能力、有智慧继续集中精力推动中国的发展和改革，与此同时，与国际社会一道构建一个有利于和平稳定、繁荣和公正合理的国际秩序，构建人类命运共同体。

互动环节

问：特朗普上台之后美国的外交政策有一种不确定性，中国外交如何去面对这样的不确定性，以不变应万变？

答：特朗普外交的确定性就是它的不确定性，这个不确定性是特朗普有意制造出来的，他通过制造不确定性来谋求对他有利的结果。特朗普和美国国内的建制派有着很深的矛盾。现在美国智库的很多学者和前官员都对他有意见，我研究美国多年，从来没有见过这种情况，那就是美国的政策精英对他的领导人如此一致地反对和强烈地批评。当然，特朗普在国内也有很多人支持。中国应该怎么办？一个是尽可能地去跟他周旋，搞好关系，我认为习主席和特朗普的个人关系对于稳定中美关系发挥着很大的作用。再有就是坚持自己的原则和立场，自己认为对的要继续做，比如气候问题，我们和奥巴马政府共同推动了气候协定的签署，不要因为特朗普退出了中国也跟着退出。同时，还要尽可能地进行沟通、谈判，把中美间的问题处理好。

现在特朗普非常重视两个问题：一个是贸易问题，他想把中国对美的贸易赤字完全消除掉；另一个是朝核问题。我认为双方的贸易问题不可能达到绝对的平衡，因为中国向美国出口的商品中有很多都包含了从美国进口的技术、零部件等，这是一个产业链，如果中国真的完全消除了对美的贸易赤字的话，那就意味着中国要大幅减少从其他国家进口东西，也包括从美国进口的技术、零部件等，这势必会对美国和其他国家、世界贸易体系产生严重的负面影响，所以说特朗普的要求是不合理的，美国建制派的大多数经济学家都不认为他的要求是合理的。所以在对他做出一定让步的同时，中国没必要也不可能去完全接受他的要求。在朝核问题上，中美之间应该加强沟通和协商，特别是在朝鲜出现危机时双方应如何协调行动避免冲突方面的沟通，等危机真出现的时候再决定就晚了。如果这两个问题处理得好，中美关系可以保持一定程度的稳定。

当然从长远的角度来说，中美之间还需要就许多其他问题进行沟通和协商。从中国的角度来说，更需要加大自己内部的改革力度，当然美国也需要做出自己政策上的调整。美国的建制派精英认为中国政府过度干预经济，中国制造 2025 就是中国政府干预经济、扭曲市场的做法，这是不能接受的，中国政府应该撤回这个规划。我认为他们的要求是不现实的，因为中国是不可能按照美国的要求改变自己认为很成功的发展战略的。这些人应该意识到，过去这么多年来都是中国去适应美国，现在美国也应该去适应适应中国了。如果认为中国的发展战略很成功，那美国是不是也应该调整一下它的政府和市场的关系？双方在这个问题上各自做出一些让步，找到一个新的平衡是不是更符合两国的利益？我认为中美关系正在发展到一个需要相互适应的阶段。

问：中国在崛起过程中对于自身利益的界定具有不确定性，那您是否认为这种不确定性是中国崛起的一个最大障碍？这种不确定性在国家间的横向比较以及历史上的纵向比较上是否具有一种普遍性，也就是说所有的大国在崛起过程中是否都具有这种对自身利益界定不确定性的一个阶段？

答：我认为崛起中的大国都有这个问题，身份和利益的双重性导致了政策的不确定性，中国面临的这个问题更突出，因为中国的转型是全方位的。任何转型都会带来不确定性，但是中国的转型比较特殊，那就是中国的转型是全方位的，不只是经济体制的转型，国家的地位和性质都在转型。转型期间，内外矛盾都很突出。几年前我在美国就讲述过这个观点，他们都觉得没什么新鲜的，但这段时间我看中国外交的政策在相当大程度上反映了这种转型，有很多矛盾是现实的，我们没办法解决，我们处于一种怎么做都对又怎么做都不对的一个阶段。比如说在气候问题上，主张节能减排也对也不全对，主张维护发展中国家的发展权也对也不全对，确实很纠结，中国的这种纠结直接影响到和周边国家的关系，给自己和其他国家都带来了很大的不确定性，在这种情况下如何处理好对外关系是一个很大的挑战，我们必须认真对待。

问：您所说的单极世界让我联想到了冷战时期，从贾老师所站的层次来看，这个冷战时期具体是一个怎样的世界？

答：冷战时期就是两极世界，美国和苏联两国的实力远超其他大国。两极世界和单极世界很不一样，两极世界中其他国家有更多的选择，它们可以和任何一极搞好关系，也可以在中间游荡，当然有的国家是和其中一极绑在一起了，像北约和华约国家。中国当时所处的位置很有意思，有一段时间美国和苏联都希望拉拢中国，因为美苏当时形成了一种战略平衡，虽然当时中国国力较弱，但中国站在哪边就会对哪边产生战略性的影响。两极世界可能对于崛起大国来说也创造了更大的机会，因为两极国家可能会把更多的注意力放在对方身上，对于其他国家的发展就不会那么关注。单极世界不一样，在其视野里没有其他的“极”国家，不管哪个国家崛起，“极”国家都会很快把注意力放在那个国家。比如说，美国在20世纪90年代就把中国看做一个潜在的竞争对手并琢磨着如何应对，这在两级或多级格局下是难以想象的。所以，在单极格局中崛起的国家面临的来自“极”国家的限制会更多，中国在突破这些限制方面还是比较成功的。

问：美国、俄罗斯和中国对于中亚五国（哈萨克斯坦、塔吉克斯坦、吉尔吉斯斯坦、乌兹别克斯坦、土库曼斯坦）的安全有什么想法？

答：对于俄罗斯而言，中亚国家应该算它的后院，它认为中亚国家是它的势力范围，它对于别的国家和中亚国家发生关系还是比较敏感的，因为俄罗斯更多地从地缘政治的角度来考虑国际关系问题。它和美国还有西方国家的关系搞不好在很大程度上是因为北约东扩。从西方国家的角度来看，北约东扩也不是对俄罗斯的威胁，更多地还是一些东欧国家想得到西方的保护，要求加入北约，这就给俄罗斯带来很大的不安全感，于是就出现了俄罗斯与西方国家的对抗，中亚国家对于俄罗斯来讲是有地缘政治意义的，所以它不希望别的国家干预中亚的事务。

美国是一个全球性的国家，任何地方的事它都觉得是自己的事情，都要插手。当然，这并不是因为美国想插手，而是它觉得自己不得不插手。美国是个移民国家，哪个国家出事在美国都会有反映，都有一些跟那个国家关系密切的人要求美国政府干预，比如中亚国家在美国的移民就会要求美国去关注它们国家的事务。美国还是个超级大国，需要通过维护国际秩序来维护自身利益，所以凡是影响到国际秩序的事情它都需要管。和其他国家一样，美国国内政治对外交的影响也很大，所以无论是从维护国际秩序的角度还是坚持价值理念的角度，或者从国内政治的角度，美国都要关注中亚的问题，但是美国政府关注中亚的问题就会引起俄罗斯和中亚国家的反应。

对于中国来讲，这些年与中亚国家的关系发展比较快，特别是在"一带一路"的背景下。中国重视与中亚国家的关系最初是因为苏联解体后与这些国家的边界问题，后来成立了"上海五国机制"来管控和解决边界问题，最后在各方的共同努力下，边界问题解决了。在成功解决边界问题基础上，中国和"上海五国"的其他成员国觉得有必要把上海五国变成安全合作的机制，最后成立了上合组织，不断巩固上合组织，并开展了一些其他方面的合作，包括打击三股势力、宗教极端势力。应该说上合组织是比较成功的，现在印度和巴基斯坦都想加入。近几年，中国推行"一带一路"，中国和中亚国家的经济联系变得越来越密切。开始俄罗斯对这个问题是比较敏感的，它不希望别的国家进入其势力范围，但因为和美国及其他西方国家关系比较紧张，所以它在处理"一带一路"及中国和中亚国家关系问题上只好采取一个相对较容忍的态度。后来俄罗斯意识到"一带一路"对它也有一些经济上的价值，所以现在不怎么反对了，采取了谨慎鼓励的态度。

所以，对于中亚地区中美俄都有自己的想法，中国和俄罗斯的关系

比较密切，俄罗斯和美国关系较差。将来中俄经济关系发展好了，会进一步改变俄罗斯的看法，对“一带一路”会有更多支持，但是如果搞不好的话，也可能会走到反面。美国在此区域的影响不会太大，毕竟这里不是它关注的核心区域，而且由于种种原因，它也很难在更大程度上介入这个地区的事务。

第九讲

联合国与裁军

— 刘志贤 —

十分高兴有机会再次来到北京语言大学，学校对于我来说并不陌生，我曾在中国联合国协会工作过几年。我想告诉大家，联协与北京语言大学渊源颇深，多年来一直保持着密切的合作关系，共同开展了不少卓越成效的项目，“大使看世界”高端系列讲座就是其中之一。作为中国联合国协会的副会长兼总干事，我曾在 2014 年 1 月专门来到咱们北京语言大学，结识学者，寻求合作，一道开展联合国研究。北京语言大学在联合国研究方面起步很早，我十分尊敬和崇拜的李铁城老师是学校“联合国研究中心”首任主任，是联合国研究的奠基人和开拓者。他知识渊博，勤奋耕耘，著述颇多，成绩斐然，是国内国际关系、联合国研究的前辈、著名学者。贾烈英院长是贵校现任“联合国研究中心”主任，是中国联协的理事，我们也曾经多次合作。他年轻有为、锐意进取，是个学术功底非常扎实、造诣很深的教授。我非常高兴，近期两次在电视上看到他接受采访，就中国联合国外交和国际突发问题发表看法和评论，向观众、听众答疑解惑，起到指导和引领作用。他为北语赢得了不少声誉。在同李铁城教授和贾教授的交往和合作中我受益匪浅，在此，我想利用这个机会，再次衷心感谢两位教授曾经给予过我宝贵的支持和帮助。

在谈联合国与裁军前，我先介绍三座雕塑。一个是矗立在联合国总部大楼临近东河的北花园里的一座题为“铸剑为犁”的青铜雕像。这是苏联于 1957 年赠送给联合国的，代表各国人民千百年来渴望和平的美好梦想。雕像基座左面刻着叶夫根尼·武切季奇的诗："那样的时刻将会到来，人民把剑铸成犁，把标枪制成镰刀，再看不到流血，再不会去打仗。"另一个是在瑞士日内瓦万国宫的国际广场上，有一把巨大的瘸腿椅子雕像，纪念全世界每年成千上万被地雷伤害的人们。这是瑞士著名雕塑家丹尼尔·玻恩特在1977年代表国际残疾人联合会为纪念"地雷议定书"的正式生效而创作的。最近电视报道南京军区出兵到中越边境进行扫雷。地雷是防御性武器，战时埋雷容易，战后探雷扫雷就非常耗时费力，如不及时发现和清除这些地雷，则极易伤害边民和牲畜。在现实生活里，这种伤害常有发生。第三个雕塑由青铜制成，位于联合国大楼外侧面朝第一大道、与45号街相交的地方。它是一把0.45英寸口径左轮手枪的放大复制品，枪口被打成一个结。它是卢森堡赠送给联合国的，由瑞典艺术家卡尔·费雷德里克·雷乌特斯威德创作。这三个雕塑代表世界各国人民渴望和平、反对战争、主张裁军的心声和愿望。

裁军是预防战争发生、避免军事冲突、维护社会稳定的重要措施，事关地区安全、世界和平以及经济社会发展。裁军也是大国相互争夺、谋求军事优势、营造于己有利的国际环境的重要外交手段。裁军也关乎一个国家的自身安全。理想的国际裁军是各国放下武器，铸剑为犁。遗憾的是，现实并非如此，反而是扩军。所以，联合国裁军任重道远。

我想先说几句裁军历史。说到裁军史，一般都会提到1899年和1907年在荷兰海牙召开的两次国际和平会议。与会成员国来自五大洲，几乎包括了所有的国家。海牙会议是人类历史上第一次在和平时期专门举行的裁军会议，目的是谋求限制军备、预防战争及和平解决国际争端。在历史上，这是首次面向世界所有国家的会议，而且国家不分大小，一律平等参加。此前，19世纪的大国会议称做"欧洲协调"，都是极少数强国的事。它们少数几个聚在一起，目的在于战争和危机发生之后寻求立即和解，而海牙会议在性质上则更具预防性和防范性。

很遗憾，这些预防会议没有起到作用，很快第一次世界大战就爆发了。战后，1920年成立的国际联盟是第一个全球性国际组织，其目标之一就是裁军和军备控制，奉行集体安全、通过和平方式解决争端。国联以失败而告终。二战结束后，联合国成立。根据宪章，联合国有三大支柱，分别是国际安全、经社发展、保护人权。可以说，联合国的首要目标是维护世界和平与安全，因为没有和平就谈不上经济发展、社会发展，更不用说保护人权了。要维护和平、防止战争，就离不开裁军和军备控制。联合国宪章第三章第十一条规定，为了国际和平与安全，大会要考虑制定裁军和军备控制的原则，并向成员国和安全理事会提出相关建议。第五章第二十六条规定，为促进国际和平与安全，尽量减少世界人力和财力用于军备，安理会应负责拟定方案，提交成员国，以建立军备管制制度。第四条规定，设立军参团，就军控和裁军问题向安理会提出意见并予以协助。从上述可以看出，联合国宪章有明确规定，联合国六大机构中两个最重要的机构都对裁军负有责任，这足以说明裁军和军备控制是联合国非常重要的议题。

联合国一成立就面临着两项重大挑战，而且是前所未有的。一是核武器的出现。联合国宪章墨迹未干，美国于1945年8月6日和9日分别向日本广岛和长崎投下原子弹。新的大规模杀伤性武器的出现引起了联合国的重视。1946年1月，联合国在伦敦召开第一届联合国大会。大会通过的第一号决议就是，谋求消除和限制原子武器和其他大规模杀伤性武器，确保把原子能完全用于和平之目的。与此同时，联合国成立了原子能委员会，以行使对原子能进行国际管制的职权。

第二个挑战就是，1947年美国总统杜鲁门在国会发表的演讲开启了冷战的大门，以美国为首的资本主义国家集团和以苏联为首的社会主义国家集团开始了长达40多年的冷战。资本主义国家的阵营建立了军事集团，叫北约，相对抗的社会主义阵营建立的军事集团叫华约。起初是两大集团的冷战和对抗，之后又演变成美国和苏联两个超级大国之间的军事较量、争夺世界霸权、争占战略制高点、进行激烈军备竞赛。

可见，联合国成立之初，裁军和军备控制就蒙上了美苏两个大国进行激烈对抗的阴影。面临这两个重大挑战，联合国如何应对？做了哪些努力和工作呢？联合国确定的裁军目标和任务是明确的，要想取得成果和达到目的，建立相关工作机制无疑十分重要，这是组织保障。

大会的第一委员会专门负责审议裁军和国家安全问题。联合国大会在每年 9 月的第三个星期二上午 10 点开幕，通常持续到 12 月中下旬。大会分为两个阶段。简单来说，前半期主要是一般性辩论和审议相关程序性问题；后半期就会分成六个委员会，就不同议题分类进行讨论。凡是与裁军与军备控制有关的问题都放在一委来讨论，这是个很重要的机制。第一委员会的审议程序是：一般性辩论，各国代表发言，就关心的问题阐述立场和主张，提出看法和建议；根据日程，逐一审议相关议题，展开讨论；提交决议草案，发表评论，进行磋商以取得共识；表决通过决议案，可以举手或投票表决，也可协商一致通过。一委每年通过多达 60 个决议，涵盖裁军与安全的方方面面。有关国际组织也可以出席联合国大会和六个委员会的会议，并就相关问题发表看法和评论，但没有表决权。比如一委，就有不少政府间的国际组织和非政府组织参加会议，散发材料，做政府官员的工作以施加影响。我在担任国际禁止化学武器组织对外联络司司长的时候，每年都要陪着总干事前去美国纽约参加联合国大会第一委员会的会议。此外，联合国大会每两年审议一次国际禁止化学武器组织的工作报告，届时，该组织的首席行政官，即总干事会到会并发表讲话。我每次都要与会，并做相应的准备。

第二个机制是裁军审议会议。每年举行一次，会期三周。联合国所有成员国都可以参加，专门讨论裁军问题。一般来讲，会议讨论并选择裁军领域比较突出的三四个问题提交给联合国大会。

第三个机制是裁军事务咨询委员会。委员会于 1987 年成立，成员由军控与裁军领域的知名专家组成，以个人身份参加。委员会现有 15 个专家。委员会每年举行两次会议，一次 3 天。委员会的职责是向联合国秘书长提供全球范围内裁军领域的形势、问题、挑战和建议，供其了解和掌握。顺便说一下，任何有规模的国际组织一般都会设立咨询委员会，发挥类似的作用。

第四个机制，也是十分重要的一个，就是日内瓦裁军谈判会议。这是国际上唯一一个专门就军控问题进行谈判旨在达成公约的官方机构。其工作方式是协商一致原则，不采取投票表决方式。它不是联合国的机构，但是与联合国关系非常密切。它的工作报告必须向联大提交，制定议程需要考虑联合国所关注的问题和建议。裁谈会有 65 个正式成员国，目前所关心的问题主要有核裁军、禁产、外空、无核国家安全保证、新型大规模杀伤性武器、裁军透明等。非裁谈会成员只要是联合国成员，经过许可后可以作为观察员参加全会。

第五个是联合国秘书处，设有裁军事务办公室/裁军事务部，由一位副秘书长挂帅。现在主管副秘书长是近期上任的中满泉女士，日本籍。她最近来中国访问了，在接受中央电视台的采访时，称中国提出的构建人类命运共同体与联合国高度契合，相信学生们在电视上也看到了。裁军事务部下设 5 个处，分别是大规模杀伤性武器处、常规武器处、信息和外宣处、地区裁军处、裁军谈判会议秘书处和会议支助处。

另外，联合国还有裁军研究所，设在日内瓦；联合国和平利用外空委员会，设在奥地利的维也纳。这里就不展开来说。

归纳起来，从机制来讲大家可以看到，大会第一委员会主要代表国际社会的意愿和呼声，可以说是个论坛；咨询委员会的作用是听取专家的看法和建议，顾名思义是专家咨询；裁谈会责任明确，就是以缔结相关条约为目的的谈判；而秘书处是为会务和谈判提供技术帮助和后勤保障的。可以看出，这是一个非常完整齐而且目标明确的系统，是联合国裁军领域不可或缺的重要组成部分，这充分说明联合国、国际社会对裁军以及军备控制的重视。那么，这个系统在过去 70 多年都发挥了哪些作用呢？面对美苏冷战、军事对抗和大力扩军，联合国采取了哪些实质性行动呢？能否取得成果？下面，我给大家简单梳理一下。

刚才已经讲了，第一委员会每年会通过很多决议，但这些决议对成员国来讲在法律上是没有约束力的，只是在道义上发挥作用，在政治上施加压力。这与联合国安理会通过的决议有实质性不同。安理会通过的决议，比如对某个国家进行制裁，尽管是 15 个国家通过的，但是联合国所有成员国都必须遵守和执行这一决议。大家知道，联合国安理会有 5 个拥有否决权的常任理事国。在东西方冷战的大背景下，美苏全面对抗，在安理会也是如此，互相否决对方的意见和主张。这个时候，安理会的运转基本上瘫痪了，在裁军方面无法发挥作用。但是在第一委员会就不一样了，国家不分大小、强弱，一律平等，每个国家均有一票，所以当时一委每年通过不少决议。这是联合国绝大多数国家要求裁军的呐喊，是对美苏军备竞的反对，也是渴望和平的心声。

联合国就裁军问题召开了三次特别大会，分别于 1978 年、1982 年、1988 年举行。顺便说一句，2017 年联合国大会做出决定，将再次召开裁军特别会议。特别联合国大会是什么意思呢？它是专门就某个问题召开会议，进行讨论，提出建议，明确具体行动。这说明这个问题十分重要，各国十分关切，需要各国采取行动。1978 年的特别联大与会成员国众多，代表性广泛，没有通过投票而是大家协商一致通过了军控纲领性“最后文件”。这是个非常好的成果。最后文件综述了裁军领域的所有问题，并提出了一系列建议，它成为未来协商、谈判的基础。关于 1982 年的特别联大，由于美国和苏联当时军备竞赛不断升级，军费开支激增，虽然第三世界国家要求制止军备竞赛的呼声很高，但是会议未能取得新的实质性成果，只是重申上次会议的“最后文件”。到 1988 年，美苏关系出现缓和，政治气氛大有改观。这次特别联大规模最大，讨论了多项议题，达成广泛共识。但是，由于美国在外空武器化、裁军与发展等问题上的阻扰，会议最终未能弥合分歧达成一致意见。非常遗憾，这次会议也没有达成大家都能接受的最后文件。但是，应该说会议提出的多项建议及汇集的基本共识为后来的裁军行动奠定了良好的基础。

1965 年，第 24 届联合国大会通过一项决议，宣布 70 年代为“裁军十年”。决议同时呼吁各国加倍努力，采取有效措施以停止核军备竞赛，实现核裁军，并缔结全面的裁军条约。1979 年，第 34 届联大再次通过决议，宣布 80 年代为第二个“裁军十年”。决议首次把裁军与经济社会发展联系起来，强调消减军费，把军费开支用于经社发展，改善民生。1990 年，第 45 届联合国大会又通过决议，宣布 90 年代为第三个“裁军十年”。决议指出，裁军是所有国家的责任，个个责无旁贷，需要共同努力。决议还呼吁尽快展开谈判缔结《禁止化学武器公约》。联合国宣布的“裁军十年”是一种政治号召和行动，旨在制造声势，施加压力，扩大影响，提升国际裁军意识和动员全球力量为维护世界和平而采取切实行动。在通过宣布裁军十年决议的同时，大会还会通过一份“裁军十年宣言”，以展示成员国的团结一致、政治承诺和强烈意愿。联合国通过决议，宣布“十年”并非鲜见，但连续通过三个”裁军十年”绝无仅有，这充分表明了联合国、国际社会对裁军的重视。

面对美苏的激烈对抗和军备竞赛，联合国出于对和平的关切，强烈要求裁军。在 20 世纪六七十年代，许多国家摆脱殖民统治走向独立，加入联合国，并且成为一支强有力的政治力量。它们积极参与裁军进程，坚决反对扩军，强烈呼吁裁军，掀起一股强大的裁军舆论和运动。面对美苏冷战的态势，在联合国的强烈呼吁、国际社会的大力推动、各国的热切希望下，联合国的裁军有无成效？取得了哪些实际成果呢？答复是肯定的，有努力就会有收获。主要成果如下：

1959 年通过《南极条约》，禁止在南极大陆进行军事行动。1963 年通过《禁止在大气层、外层空间和水下进行核武器试验条约》，也叫《部分禁止核试验条约》。1966 年通过《关于各国探索和利用包括月球和其他天体在内外层空间活动的原则条约》，禁止大规模杀伤性武器进入轨道或安置在天体或安置在空间，禁止将天体用于军事目的。1967 年，拉丁美洲国家通过《拉丁美洲禁止核武器条约》，其中规定由国际组织核查其实施。1968 年通过《不扩散核武器条约》。这个条约非常重要，是防止大规模杀伤性武器扩散的国际法律体系中的基石，现在仍发挥着重要作用。1970 年通过《禁止在海洋床底及其底土安置核武器和其他大规模杀伤性武器条约》，禁止在 12 海里沿海区以外安置并为安置提供便利。1971 年通过《禁止生物武器公约》，是首次规定销毁现有武器的国际裁军文书，此公约呼吁尽快谈判达成禁止化学武器的国际公约。1976 年通过《禁止为军事或任何其他敌对目的使用改变环境的技术的公约》。这里的“改变环境”是指诸如地震、海啸、气候变化等现象并将产生持久严重后果。1979 年通过《关于各国在月球和其他天体上活动的协定》，规定月球和其他天体只能用于和平目的，禁止军事利用。1980 年通过《禁止或限制使用某些可被认为具有过分伤害力或滥杀滥伤作用的常规武器公约》，禁止的主要对象是地雷和饵雷、燃烧武器、碎片武器等。此外，联合国于 1981 年设立了军费透明制度，要求成员国向联合国秘书处报告上年度军费开支情况；于 1987 年建立了联合国秘书长生物和化学武器指称使用调查机制，本人是这个机构的中方专家。

应该说，由于处在冷战时期，这些公约所涉及的裁军问题在当时不是裁军的核心，不是国际社会关注的重点和焦点，多是裁军领域的外围问题，但我们不可否认这些条约的积极作用和释放出的正面影响。现在看来，有的公约很有远见，极具前瞻性，发挥着很好的作用。如《南极公约》，目前没有哪个国家在南极部署武器或开展用于军事目的活动。现在国际社会非常重视对那里的环境保护，只许开展科技研究。当下，南极观光旅游十分火爆，尽管价格不菲，仍成为旅游黄金路线。试想如果当时没有通过这个南极公约，情况也许不容乐观。再比如，《不扩散核武器条约》至今仍发挥着很重要的作用，在防止核武器扩散、阻止相关物项和技术转用于军事目的以及遏制核门槛国家跨越门槛等方面发挥着积极作用。

1962 年发生的古巴导弹危机使得美苏两国均认识到：双方如此对抗下去将十分危险，容易引发核战争；需要适当降温与缓和关系。当时这两个国家的核弹头约达 7 万枚（美国 2 万多、苏联 4 万多），足够毁灭地球十几次。迫于国际社会的压力和自身需要，美苏两国之间通过艰苦谈判达成了一些裁军协议：1972 年达成的《限制战略核武器条约——第一阶段》（SALT I），主要是消减武器数量；1979 年达成“限制战略核武条约——第二阶段”（SALT II），重点削减运载工具。1979 年达成的《反导条约》，规定一个国家只能拥有一个反导系统。1987 年，美苏签署《苏联和美国消除两国中程和中短程导弹条约》，这是首个关于销毁的条约。到 2013 年，双方在核弹头方面得到大幅削减，美国减至 4650 枚，削减 80%；俄罗斯减少到 4480 枚，削减近 90%。

通过上面所讲，我们可以看出大国在联合国裁军领域起着主导作用。特别是在冷战时期，美苏实际上起着决定性作用，绑架了联合国的裁军进程。美苏可以对国际社会要求裁军的强烈呼声不予理睬，相反，它们还倒行逆施地进行大幅扩军，展开军备竞赛。一旦美苏自己需要，就可以进行裁减。讲到这里，我想借此机会对同学们说，一般来讲不管是哪个国际组织，其行为能力、制约因素都会受到大国的影响，大国是主导因素，起着引领作用。

冷战期间联合国的裁军情况就介绍到这里。下面讲讲冷战之后联合国的裁军进程。1991 年冷战结束，苏联和华沙条约解体，两极格局终结，全球范围内的紧张局势得到缓和，大国关系得到改善。世界多极化和国际关系民主化趋势深入发展，要和平、求发展、促合作开始成为时代的主流。在这样的背景下，联合国摆脱了美苏对峙的羁绊，开始焕发生机和活力，裁军领域逐渐活跃起来。

联合国大会更加关注外空武器化和军备竞赛问题，并通过诸多决议。之后，联合国成立政府专家组，就外空活动透明与建立信任措施提出建议。该专家组的工作报告得到联合国大会的认可，并协商一致获得通过。联合国大会又提出第四个“裁军十年”，大力推动多边裁军和军备控制进程。大会也十分关注朝鲜核、导问题和伊朗核问题。联合国十分关注叙利亚的化学武器问题，与国际禁止化学武器组织一道将叙利亚局势从战争边缘拉回到和平轨道。两个国际组织联手妥善解决危机，销毁了叙利亚的化学武器。2017 年，联大决定召开第四次裁军问题特别大会。

安理会积极发挥作用。自 20 世纪 90 年代以来，安理会越来越多地关注裁军和军备控制问题，通过了一系列相关决议。比如，1995 年就无核武器国家安全保障问题通过第 985 号决议；1998 年就印度、巴基斯坦核试验通过 1172 号决议；分别就朝鲜试射导弹、核试验以及伊朗核问题通过多项决议；多次就小武器、轻武器、地雷问题举行公开辩论并通过决议或主席声明。与此同时，安理会开始重视防止大规模杀伤性武器扩散问题。1992 年，安理会举行首脑会议，发表声明，指出大规模杀伤性武器扩散对世界构成威胁，呼吁各国采取切实措施加以制止。2004 年，安理会通过有关防扩散的第 1540 号决议，并成立了“1540 委员会”，专门负责监督和督促有关国家对决议条款的全面落实。

自 2009 年，核裁军问题不断升温，多边军控进程呈现复苏势头。安理会于 2009 年 9 月举行核不扩散与核裁军首脑会议，通过 1887 号决议，重申各国致力于实现无核武器世界目标的共同承诺。2010 年 9 月，联合国秘书长潘基文根据授权，召开“重振裁谈会工作、推进多边裁军谈判”高级别会议。这次高级别会议为什么提出重振日内瓦的裁谈会呢？原因是，裁谈会成员国由于意见分歧，近 20 年一直无所作为，没有取得任何实质性成果，甚至连一项工作计划也难以达成一致意见。所以，会议着重讨论如何推进裁军谈判，希望取得谈判成果，也就是尽快就某个问题缔结裁军条约。2012 年和 2013 年，联合国大会和安理会分别召开公开会议和高级别会议，讨论裁军问题。联合国大会第一委员会通过决议，宣布 9 月 26 日为“国际全面销毁核武器日”。2013 年，联合国根据 67/53 号决议，成立《禁止生产用于核武器或其他核爆炸装置裂变材料公约》（简称《禁产公约》）问题政府专家组，并召开会议，就有关事项提出建议。按道理和程序，联合国不应该挑头成立这样的政府专家组，为谈判公约提出建议和做相应的工作，但我想这是无奈之举，原因是专门负责谈判和缔结条约的日内瓦裁谈会多年处于僵持阶段，裹足不前，且前景无望。其实，联合国这样事出无奈，也是向有关国家施加压力，目的是以压促变。2011 年，联合国大会召开全会专门讨论核裁军的问题，之后还有核能安全高级别会议。2012 年，安理会召开核不扩散、裁军安全公开会议。2013 年，联合国大会召开核裁军问题高级别会议。2017 年 9 月，安理会专门就裁军问题举行会议，王毅外长出席并发言。这些会议说明联合国对核领域的裁军和军备控制非常重视，也十分期待在不远的将来能有具体成果。

应该说，冷战后立法工作取得显著进展。1992 年，经过长达 20 多年的谈判，日内瓦裁谈会就《禁止化学武器公约》达成一致。随后在法国巴黎召开大会并获得通过，开始对外开放供各国政府签约及履行国内法律程序批准公约。该公约于 1997 年正式生效，它是第一个彻底销毁一整类大规模杀伤性武器的国际公约，具有十分重要的意义。1996 年，日内瓦裁谈判会通过《全面禁止核试验条约》。条约包括一整套系统化的核查机制。由于批约国尚未满足公约的规定，该条约迄今未能生效，仍处于筹备阶段，秘书处设在奥地利的维也纳。尽管如此，它在阻止核试验方面发挥着积极作用，各国暂停试验。1995 年，在《不扩散核武器条约》的审议和延长大会上，缔约国以协商一致方式决定无限期延长该条约，使之成为永久有效的条约。与此同时，中、法、俄、英、美 5 个合法拥有核武器的国家就全面销毁自身核武器和减少核战争威胁等问题做出了明确承诺，这也可以说是交换条件。

我前面提到《禁止生物武器公约》。20 世纪 90 年代初，缔约国开始谈判和拟定一个《禁止生物武器公约》附加议定书。同学们知道，1971 年通过并于 1972 年生效的《禁止生物武器公约》只是一个原则性的、政治性的承诺，核心内容最多也就 20 几个条款。它缺少履约的具体要求和强制性措施，也没有核查手段。比如，公约规定不生产、不储存、不使用生物武器，但如何证明缔约国这样做了而不是相反呢？实际上无法确定，全靠自觉。所以，想通过议定书的形式加以补充和完善。

科技不断发展，催生出基因、克隆等技术，但这是一把双刃剑，需要警惕和避免生物技术的谬用，加之苏联“生物战计划”的曝光，国际社会认识到，一方面《禁止生物武器公约》的履行力度不够，另一方面公约本身也需要强化。所以，从 20 世纪 90 年代初缔约国开始谈判制定一项附加议定书。议定书内容丰富、措施具体、操作性强，如一国有无生物实验室、设在何处、规模大小、科研标榜及其种类和数量等都有具体要求和规定。议定书还包括现场核查，叫“牙齿”，就是缔约国先主动向组织报告，然后主管机构派专家前去现场视察。《禁止化学武器公约》就是这样运行的。经过 8 年的前期技术准备，1994 年公约缔约国特别大会决定成立特设工作组，启动正式谈判。经多年艰苦谈判，到 2001 年 4 月的第 23 次特设工作组会议上，议定书的最后案文已经形成并被基本接受。但在同年 7 月工作组第 24 次会议上，美国代表团以议定书无法有效应对生物武器威胁，并有可能损害美国安全和商业利益为由，拒绝接受议定书草案，致使历经多年谈判的议定书无果而终。2001 年，美国政府更迭，小布什上台，转变了政策，一脚踢翻议定书。美国的这一做法不得人心，也令其盟国极大不满。

2013 年联合国大会表决通过《武器贸易条约》。2017 年，表决通过《禁止核武器条约》。如前所述，日内瓦裁谈会的工作方式是协商一致通过一项决定，而不是通过投票表决。由于裁谈会的僵局和分歧，一些联合国的成员国失去耐心或急于求成，把问题提交到联合国大会表决。表决通过的好处是，尊重了多数国家的意见和意愿；协商一致通过的益处是，核心国家是缔约国，履行公约更为全面和有效。比如《禁止核武器条约》规定拥有核武器的国家销毁其核武器。现实情况却是，有核武器的国家都没有，或者说都拒绝参加会议。可以说在可预见的将来，它们不可能是公约的缔约国，那么谁来销毁核武器呢？我这里不是否定《禁止核武器条约》的积极意义和重要作用，只是介绍一下，由于通过的方式不同，在批约国家和履约效果方面就会有所不同，可以说各有利弊。

涉及常规武器方面取得的成果主要有：1992 年，通过“常规武器转让登记册”制度，成员国每年需要向联合国秘书长报告其武器转让情况，包括作战坦克、装甲战车、大口径火炮系统、作战飞机、攻击直升机、战舰、导弹及导弹系统等七大类武器；1996年，对《地雷议定书》进行了修订，扩大了禁止范围；此外还有2001年的《枪支议定书》和《从各个方面防止、打击和消除小武器和轻武器非法贸易行动纲领》，2003年的《战争遗留爆炸物议定书》，2005年的《识别与追查非法轻小武器国际文书》，2008年的《集束弹药公约》等。轻武器和小武器以及地雷虽然杀伤力不大，但在局部战争和内部冲突中往往会给平民百姓带来巨大而广泛的伤害，所以引起联合国、国际社会，包括有关民间团体/非政府组织的格外关注。

谈到裁军，必须介绍的一个重要内容是无核武器区的建立。它起源于20世纪50年代，但冷战结束为建立无核区提供了更多的机会。无核武器区的意思简单来讲，就是区域内的国家签署协议，承诺不寻求、不研制、不发展、不储存、不引入核武器及其核爆炸物，也不得利用其他方式获取并控制核武器，不允许其他国家在该无核区储存核武器或核武器材料。拥有核武器的国家（指5个安理会常任理事国）需要同无核区的国家签署协议，承诺不帮助它们获取核武器，不在那里部署核武器，不向它们使用核武器。这是裁军进程中很重要的一个方面。目前已经建立的无核武器区有：

拉美和加勒比地区，33个国家于1969年签署《特拉特罗尔科》；南太平洋地区，由13个国家于1986年缔结并生效《拉罗汤加条约》；东盟十国，于1997年生效《东南亚无核武器区条约》；蒙古国自行宣布其为无核区。安理会5个常任理事国于2000年10月发表联合声明，承认蒙古国的无核武器区地位，并得到国际社会的认可，开创了单个国家建立无核武器区的先例。非洲地区，52个国家签署的《佩林大巴条约》于2009年生效；中亚5国签署的《中亚无核武器条约》于2009年生效。大家可以看到，整个南半球已经成为无核区，这是非常显著的成果。

下面我来谈谈联合国裁军领域几个主要方面目前所面临的挑战、前景及中国的基本立场和主张。关于无核区，中东无核区的建立受阻，前景渺茫，主要是以色列一直坚决反对，并得到美国的大力支持。国际社会普遍认为以色列拥有核武器，但以色列没有承认。大家知道，中东情况特殊，阿拉伯国家与以色列之间有过 5 次战争，结怨颇深，难以调和。我到以色列出过差，也有稍许考察。以色列国家虽小，但科技发达，武器精良，人员素质高，情报系统一流，可以说是人人皆兵。记得当地官员曾经告诉我，他们十分重视预防生化武器，每家的住房里都会开辟一间作为防护室，一旦有事，随时可躲避进去。中国一贯尊重并支持广大无核武器国家关于建立无核武器区的要求，认为中小国家为反对核威胁，为维护本地区的和平与安全提出这一主张是合理的、正义的。

关于《禁止化学武器公约》，缔约国由生效时的 87 个增至现在的 192 个，目前仅有以色列、朝鲜、埃及和南苏丹 4 个非缔约国。履约已经有 20 年，总体进展顺利。公约核心目标是销毁所有现存的化学武器，防止新的化学武器出现和扩散。近日大家一定在《新闻联播》中看到，俄罗斯总统下令把储存的最后一小部分化学武器销毁。目前全球储存的化学武器已经有 95% 得到销毁，其余部分主要是美国的，将于 2023 年前全部销毁。可以说，我们已经十分接近实现一个没有化学武器的世界。作为监督手段，依据公约的核查附件，国际禁止化学武器组织每年都要多次派出专职视察员（弹药或化学专家）到有关国家进行视察。据统计，迄今已经在 86 个缔约国领土上实施了约 6400 次对军用和民用设施的现场视察，包括对中国的 360 次视察。这里我想介绍一点技术知识。什么是化学武器？根据公约的定义，化学武器是指化学毒剂、生产化学武器的设施（包括机器、相关设备、厂房等）、储存设施（厂房、设备等）、发射和运载工具等。关于防止扩散问题，除对民用生产设施现场视察外，公约还禁止某类化学品向非缔约国出口，并对缔约国实施监督和审核。

国际禁止化学武器组织成果突出，赢得国际社会首肯和赞扬，于 2013 年获得诺贝尔和平奖。本人曾在该组织担任司长，也获得过相应的奖状，可以说这是对我工作和贡献的认可，说明我有资格分享这一荣誉。

中国支持《禁止化学武器公约》的宗旨和目标，是公约的原始缔约国。20 年来，中国严格履行了公约各项义务，受到国际社会的肯定和赞誉。中国没有化学武器，但是我们领土上存有日本在二战期间遗弃下来的化学武器。根据公约规定，这些遗弃化学武器属于日本，因此日本有义务加以销毁。二战日本战败，在投降撤退时，他们急匆匆就近把大量的化学武器秘密处理了，有的被扔进河里、井里、湖泊里、海里，有的就地挖坑被掩埋。目前，中国政府在 14 个省和直辖市发现了日本遗留化学武器，从黑龙江省往南沿京广线一直到广东省，沿线省、市几乎都有。公约生效后，经过两年的谈判和斗争，日本于 1999 承认这些遗留化学武器归其所有并同意负责挖掘、包装、托管和实施销毁。日本为此设立了专门机构，配备了人员，投入了资金。应该承认，日本为此付出了很多努力，中方予以配合，提供了诸多便利。可以说，遗弃化学武器的销毁在有序进行。

这里我想简要介绍一下历史上化学武器的使用情况。化学武器在战场上首次大规模使用是在第一次世界大战期间。一战历时不到 5 年，11 万吨毒剂在欧洲战场被释放，造成 130 万人伤亡。1915 年 4 月，德国军队在比利时伊普尔（小镇，在布鲁塞尔以西）战役中首次大规模释放氯气。高达 30 英尺的黄绿色气体在东风的吹拂下从 6 公里长的阵地上缓缓向前推进，这种致命的气体瞬间灼伤了协约国士兵的眼睛和肺，让他们呕吐并在痛苦中倒地。5000 个生命口吐鲜血和绿色泡沫后在痛苦中窒息而亡，另有 1 万人带着痛苦度过余生。这次释放成为化学武器进攻的首个成功战例。由于交战双方在这一战场上多次大量使用化学武器，至今在伊普尔周围的农田里仍会偶尔发现化学武器炮弹，因此造成的伤亡巨大，现在小镇四周全是墓地。为了悼念亡者，战后每年的 11 月 11 日都会在伊普尔小镇举行纪念仪式，英联邦国家都会派人参加。国际禁止化学武器组织每年也派员参加，本人代表该组织参加过三次，有一次还遇到英国的伊丽莎白女王。记得在庄重的仪式上，每次都会奏响这样一支曲子，叫“the last post”（最后的岗位）。不知道同学们注意到没有，为了表达哀思追悼和不忘历史，在欧洲每年 11 月 11 日前后，很多人胸前都会戴上一朵小红花。此外，一战时期，意大利在埃塞俄比亚使用过化学武器。二战期间，在欧洲战场上交战双方都没有使用化学武器，原因在于双方都有化学武器，如果一方使用，必遭对方报复，这就自然形成了互不使用的默契。况且，使用化学武器是极不道德和人道的事情，这是国际共识。相形之下，在中国的战场上，日本多次使用化学武器，且使用起来随心所欲、毫无顾忌。很重要的原因是，当时中国既没有化学武器和防护措施，也没有技术和制造能力。可见，贫穷、落后就会挨打，今天也是如此，所以我们一定要坚定不移地努力发展自己、强大自己，这是硬道理。

国际禁止化学武器组织目前主要面临如下挑战：一个就是日本遗弃化学武的处理。中国的领土上到底还有多少日本遗弃化学武器？埋藏在哪里？都是未知数。日方说不知道，没有记录。目前，我们都是偶尔发现。比如，建房采土，发现了；架桥修路，发现了；近海采沙，发现了；雨后踩水发现腿脚上出问题了，才能确定附近有化学武器。记得在 1999 年，我到南京学习考察时，一位部队首长告诉我，军区在南京市郊曾经发现过日本遗弃化学武器。由于当时还没有《禁止化学武器公约》，主管人员不知如何处理，就又重新掩埋起来了。后来由于城市不断拓展，原来的标记消失，很难寻觅了。鉴于这些遗弃化学武器的隐蔽性，全部发现和销毁是个很大的挑战。

第二个挑战是公约的普遍性。只有不留空白，把所有国家都纳入公约框架之内才能实现公约的最终目标。所以各国十分重视这个问题，经过不断努力，缔约国不断增多，目前仅有 4 个国家仍游离于公约之外。我担任禁止化学武器组织对外联络司司长时，其中职责之一就是公约的普遍性。为此，我曾带队多次出访非缔约国，包括亚洲的缅甸（两次）、以色列、约旦（三次，应邀并培训伊拉克业务主管）、土库曼斯坦，非洲的埃及、科摩罗，加勒比地区的巴哈马。访问中，除向工作层各级人员介绍批约的重要性外，还要拜会有关国家的外长、司法部长、科技部长、国防部长和议会议长，做高层工作。访问是有成效的，对接受公约条款没有困难的国家很快就批约了；有的国家，如缅甸，对公约的质疑视察条款有顾虑，一直推迟到近年军政权卸任后才批约；有的至今未批约，如以色列、埃及。如何促成埃及、以色列、朝鲜、南苏丹等4个重要国家批约，实现公约的普遍性，这无疑是个不小的挑战。总的看，前景不容乐观。

第三个挑战是，如何把可用做化学武器的有毒化学品管控好，避免其落入恐怖分子和恐怖组织之手，是个很大的挑战。2017年2月在马来西亚吉隆坡国际机场发生的化学武器VX致死事件，及同年4月在叙利亚发生的化学武器袭击事件，都引起国际社会的普遍担忧和极大关切。两起事件足以说明，这一挑战是现实存在的，也是十分严峻的。但是，有全体缔约国的重视和国际禁止化学武器组织的努力，前景是乐观的。

为有效和全面履行公约，中国成立了跨部委的国家级履约机构。中国十分重视对有毒化学品的管控，相继颁布两个有毒化学品及相关设备和技术监管条例。本人有幸牵头组织和直接参与了其中一个条例的起草。

关于《禁止生物武器公约》，附件议定书被束之高阁后，履约一度陷入谷底。后来，公约审议大会决定建立会间会制度，即在两次审议大会期间每年分别举行一次专家组会议和缔约国年会。这一安排一直持续到2016年。缔约国讨论的问题十分广泛，包括国家履约措施、生物安全、指称使用生物武器和可疑突发疫情的国际调查与援助、缔约国提供援助与合作的详细程序、传染病预防监控国家机制和国际机制、科学家行为准则、生物技术进展情况、建立信任措施问题等等。关于下一步的工作方向，由于个别国家的反对，如何开展有待缔约国进一步协商。

公约面临的挑战主要有：生物武器的威胁仍然存在。目前没有任何国家承认其拥有生物武器或拥有研制此类武器的计划，但这并不意味着生物武器的威胁已经不存在了，实际上生物武器还远没有在事实上被取缔。不排除少数国家抱有侥幸心理保有生物武器或生物武器研发计划的可能。

生物恐怖威胁依然严重。这是国际社会共同面对的最重要安全威胁之一，特别是各种类型的非传统生物威胁，如生物恐怖袭击、突发疫情爆发、实验室生物泄露、生物技术缪用等。各国政府对此高度重视。这种威胁不仅在当下，而且是未来相当长一段时期内所必须面对的安全威胁。美国情报部门预测，到 2030 年，生物技术的发展可以使非国家行为体更容易发动非对称性的大规模杀伤性袭击。

突发和新发传染病疫情威胁。近几年，此类传染病不断出现，给人类带来新的严重威胁。其传播速度快、范围广，易引起社会恐慌，影响非常大。远有 2003 年在中国出现的 SARS 病毒，不知学生们知道否；近有非洲的埃博拉病毒和美洲的寨卡病毒。SARS 病毒是来自自然界，还是实验室，一度众说纷纭，后来的结论是来自一种动物。

实验室生物安全问题日益突出。随着各类微生物实验室的不断增多，实验室的生物安全问题更加突出，安全隐患增多，安全事件频发。欧美发达国家虽然在其生物安全管理方面水平比较高，制定了安全标准和指南，近年来仍然多次暴露出实验室生物安全管理混乱、安全措施欠缺、监管不到位等安全隐患。

生物技术的发展增加了生物军控与履约的难度。主要原因是：生物技术两用性特点明显，很难区分军用和民用；生物武器核心组成的病原体生产技术越来越先进，生产场地要求越来越小，隐蔽性越来越大；等等。

中国认真履行公约义务，积极参与了议定书的谈判和两个公约审议大会间的专家组会议，并做出积极的贡献。中国建立了由外交部、国防部、农业部、卫生部、商务部、海关总署等部门组成的国家履约机制，设立了国家履约联络点。各部门各司其职，有分工，有协调，确保了各项履约法规和措施的贯彻落实。此外，中国重视对敏感物项的出口管制，并颁布了相关条例。很荣幸，本人牵头和参与了有关条例的起草。

关于《禁止核武器条约》。它是2017年7月7日在联合国投票表决通过的，122个国家赞成，新加坡弃权，荷兰反对，中国、朝鲜、韩国、印度、巴基斯坦、以色列、日本和美西方国家都没有出席会议。条约的通过可以说是裁军领域很重要的成果，反映了全球绝大多数国家根除核武器的强烈愿望和理想追求。它面临的最大挑战是条约的普遍性问题，就是如何说服拥有核武器的国家加入进来，成为缔约国，哪怕是一两个。这是个非常现实的问题，也是个首要而重大的挑战。本人觉得，在可预见的将来，条约的普遍性不大可能实现。很明显，如果拥核国家不批约，游离于条约之外，那么条约的核心目标，即不拥有和不储存核器及销毁核武器的目标就无从实现。

中国是拥有核武器的国家。自1964年中国拥核后就郑重宣布，中国在任何时候、任何情况下都不首先使用核武器。中国的这一政策是一贯的，至今没有改变。同时，中国主张全面、彻底、干净地禁止和销毁核武器，希望能够开辟一个没有核武器的世界。那么中国为什么没有参加通过《禁止核武器条约》的表决会议呢？我猜想有可能是基于如下考虑：考虑到全球安全格局平衡及现实状况，认为销毁核武器是个艰难而漫长的过程；主张维护现有的军控和裁军机制，坚持循序渐进的原则来推进核裁军；不赞成在联合国匆匆表决，希望在日内瓦裁军谈判会议上进行充分磋商，待条件成熟后以“协商一致”的方式审议通过；考虑联合国安理会5个常任理事国（也是国际公认合法核武器拥有国）的团结和步调一致。

关于《全面禁止核试验条约》。公约于1996年达成后至今已有183个国家签署，159个缔约国，但尚未能生效。其原因是，条约生效所必需的“具有核能力”的44个国家中只有36个国家批约，8个国家尚待批约。这8个国家是美国、中国、印度、巴基斯坦、以色列、朝鲜、埃及和伊朗。为促成条约生效，联合国定期召开条约生效大会。2017年9

月在美国纽约举行了一次，为第十届会议。虽然没有生效，但条约发挥了积极作用，因为自1996年达成以来，除印度、巴基斯坦、朝鲜外，联合国成员国都恪守了停止核试验。此前，核武器国家进行的核试验多达2000次，其中美国1000次，苏联700次，法国200次，英国和中国各50次。为筹备履约，签约和缔约国建立了一个临时秘书处，协助培训视察员、制定视察手册、建立行政与财务制度、建立国际监测系统台站等等。

1996年7月，中国宣布暂停核试验并一直恪守这一承诺。同年9月，中国政府签署了《全面禁止核试验条约》。中国政府支持条约早日生效，已将批准该条约问题提交到全国人大审议。中国积极同秘书处合作，开展相关业务培训，参加现场视察演练等，并稳步推进中国境内的履约筹备工作，包括11个监测站的建立和运营。中国支持联合国大会通过的有关该条约的决议，参加了历次促约生效大会。

所面临的挑战自然是条约生效问题。曾经有消息传出美国可能要批准条约了。如果美国批准条约而成为缔约国，可能会带动一些国家批准。但有的国家由于地缘政治的原因，在可预见的将来恐怕不会批约。在我看来，比如说以色列、埃及，甚至印度和巴基斯坦，它们很难批约。

关于《武器贸易条约》。条约于2013年在联合国大会表决通过，当时有156个国家赞成，朝鲜、伊朗和叙利亚3个国家反对，俄罗斯、中国、印度、巴西、古巴等23个国家反对。它是首个国际监管条约，规范常规武器贸易，使这些武器不被出售给侵犯人权和人道主义法的国家，亦不被卖给恐怖分子和恐怖组织以及有组织犯罪集团。条约还制定了评判武器贸易是否合法的标准。中国对条约的基本内容没有实质性困难，但尚未批准，是非缔约国。中国对条约投了弃权票，主要考虑到，如同《禁止核武器条约》，中国不赞成投票表决通过，主张在最合适的场所，即日内瓦裁谈会展开谈判并协商一致通过。同时，中国认为，条约没有禁止向非国家行为体转让武器。这是潜在的不足，也妨碍反恐。

条约所面临的挑战主要有：普遍性问题；如何界定武器的出售属于侵犯人权和违法人道主义法；如何判定武器出售给恐怖组织和恐怖分子。

关于《不扩散核武器条约》。条约有三大支柱：裁军、防扩散、和平利用核能。所谓裁军，就是指有核武器的5个常任理事国要裁减直至销毁核武器。防扩散，简单来说就是没有核武器的国家不能发展和拥有核武器。和平利用核能，就是作为补偿，有核能力的五国要帮助那些放弃研发核武器的广大发展中国家开发利用核能源，以促进其经社发展、改善民生。

在近年的条约审议会上，广大发展中国家越来越关切如下几个问题：核武器对人道主义的影响；无核武器国家的安全保证；核裁军进程和建立中东无核武器区问题。大国更多地关切核武器的扩散问题。这些都是条约面临的挑战。

关于谈判缔结《禁止生产用于核武器或其他核爆炸装置裂变材料条约》（简称《禁产条约》）问题。1993 年，联合国大会通过决议，要求日内瓦裁谈会尽早开始谈判达成《禁产条约》，旨在从源头上实施裁军和遏制核武器储存的扩大。但多年来，裁谈会谈而无果，难以形成一致意见。目前，只有巴基斯坦一家反对通过。由于裁谈会久拖不决，个别国家随即提出在公约缔结前达成“暂停产”协议。一些国家失去耐心，主张另起炉灶。在这样的背景下，加拿大于 2013 年在联合国大会提出了禁产条约草案并获得通过。随后，有关专家组成立并召开了数次会议。很多国家希望，在条件成熟时回到裁谈会谈判通过。就前景而言，如果裁谈会在近中期内仍释放不出达成一致的希望，那么就不排除也把《禁产条约》问题提交联大表决通过的可能。

中国支持早日缔结这一条约，并认为日内瓦裁谈会是最佳谈判场所。中国希望裁谈会在协商一致的基础上达成一个全面、平衡的工作计划，把禁产问题和防止外空军备竞赛的谈判同时列入日程。

关于缔结《防止外空武器化和军备竞赛公约》。1957 年首颗人造地球卫星入轨把人类带入外空时代，同时也拉开了外空军事利用的序幕。美国和苏联先是发展通讯、预警、侦察卫星和全球定位系统，进而发展反导系统、反卫星系统和轨道轰炸系统。据统计，现在70%以上的在轨卫星属于军用。现如今，和平利用外空但不排除军用已经被普遍接受，基本成为国际共识。从技术上讲，在轨的卫星和系统是军用还是民用，严格区分面临困难，难度很大。所以，对外空利用的现状的普遍看法是：外空已经军事化，但也存在武器化的巨大风险和诱因。美国学者认为：外空武器化不可避免；第一个在外空部署武器的国家也可能是最后一个部署的国家，因为它将处于阻止其他国家有效利用外空的有利地位。由此可见，利害攸关。

联合国十分重视外空的和平利用，1959年建立了联合国和平利用外空委员会，其宗旨是制定有关规则，探索利用技术，促进国际间合作。同样，联合国也十分关切外空武器化问题，并早在1982年联合国大会高票通过反对武器化的决议。此后，联大每年都通过类似决议，以表示关注和担心。此外，联合国还提出外空透明与信任措施，并于1990年和2010年两度决定成立相关政府专家组，对涉及的相关政策、法律、技术问题及有关建议进行梳理，提出工作建议。这对减少误判和规范外空活动具有积极意义，也是防止外空武器化和外空军备竞赛进程的有益补充。此外，欧盟于2009年提出“外空活动行为准则”，并在基辅、曼谷、卢森堡、纽约等地举行过多轮开放式讨论与磋商。由于时间关系，这里就不多说了。

中国努力推动日内瓦裁谈会近早就防止外空军备竞赛缔结一项国际法律文书，以从根本上维护外空安全。2002年，中俄等国共同向裁谈会提交了有关制定国际法律文书的要点。2008年，中俄两国共同向裁谈会提交了《防止在外空放置武器、对外空物体使用或威胁使用武力条约》草案，获得大多数国家支持，但遭到美国反对。此后，中俄两国多次表示愿意听取各方意见和建议，并不断敦促裁谈会以中俄的公约草案为基础尽早开展实质性谈判。遗憾的是，裁谈会对此迄今未能达成一致。2017 年 11 月，联合国大会再次通过“防止外空军备竞赛进一步措施”“不首先在外空放置武器”两个决议。中国把构建人类命运共同体的理念纳入到这两个决议文件里，充分体现了中国方案、中国智慧、中国贡献、中国话语权。《人民日报》就此发表了有关文章，大家有兴趣的话可以看看。总之，外空军备竞赛、外空放置武器是国际社会非常关注的、迫在眉睫的重要问题，联合国和裁谈会须采取切实行动，尽快达成一项法律文书，以确保外空的安宁与安全。现在看来，裁谈会就此展开谈判缔结条约仍需时日。

以上花了一个多小时向大家介绍了联合国与裁军。裁军问题涉及面宽，技术性强，在有限的时间内只能粗线条地把主要领域的现实情况、面临挑战和未来走向提纲挈领地介绍一下。联合国成立已有 72 年，经历了不少风雨和曲折，但总的来看，联合国的广泛影响应予肯定，联合国的独特作用不可替代。“倘若没有联合国，我们这个世界很可能更为血腥。”在裁军领域，应该说联合国十分重视，不懈努力，也取得不少成果，但联合国裁军任重道远，尤其是现有的武器还没有得到理想的裁减，新式武器正在不断地开发和生产。日内瓦裁谈会在过去的 20 年里谈而不决，会而无果，乏善可陈。当然，我也谈到日内瓦裁谈会的运作模式是协商一致原则，这一原则有利有弊。“9 · 11”之后，美国更重视反恐和大规模杀伤性武器的扩散，推动在联合国安理会设立了反恐委员会和防扩散的 1540 委员会。奥巴马政府偏重核安全问题，自 2010 年牵头召开了 4 次首脑会议（每两年一次）。而现任的美国总统提出增加国防预算，国会批准的金额比政府提出的数额还要多。所以，裁军进程不容乐观。

在裁军与军备控制领域，全球有不少非政府组织或研究机构。它们非常活跃，也有一定影响，发挥着重要作用。2017 年，非政府组织“国际废除核武器运动”（International Campaign to Abolish Nuclear Weapons, ICAN）荣获诺贝尔和平奖，就是很好的证明。顺便说一句，联合国十分重视各类非政府组织在联合国的相关领域发挥的作用。联合国大会以及联合国发起的各类会议都鼓励相关非政府组织参与并做出贡献。通常是设立非政府组织论坛，与大会平行举行，可以通过书面建议，提交政府大会参考。在军控领域，美国的智库、研究机构、学术界等非政府组织比较多，且十分活跃，也颇有影响。

中华民族崇尚以和为贵、协和万邦。中国的裁军与军控政策是中国和平外交政策的重要方面，体现出中国人民热爱和平、反对战争、谋求共同发展和共享和平的基本原则与核心理念。围绕这一中心思想和战略，中国在各个时期制定的裁军和军控政策以及采取的行动，都与各个时期的历史情况和当时的国内、国外形势相关。中国一贯支持裁军，积极参加有关会议，提出建议，发挥了建设性作用。中国数次主动裁军，坚定地站在和平力量一边。中国还加入多个国际裁军和军控条约，承担了多项义务。1995 年，中国发表了“裁军白皮书”，2005 年发表《裁军和防扩散白皮书》，全面、系统地介绍中国的立场和主张，展现出中国政策的透明和中国政府的自信。今天就讲到这里，谢谢大家。新时期，中国倡导共同、综合、合作和可持续发展的安全观，习近平主席提出构建人类命运共同体的理念，这些都得到国际社会的广泛接受和支持。

互动环节

问：老师您好，最近难民涌入欧洲的事情引起了国际上的极大关注，在利比亚首都的黎波里还出现将那些非法移民和难民当成奴隶进行拍卖的现象、联合国一直很强调注重和保障人权，对于这样一个历史倒退的现象您怎么看？从联合国的角度应该采取哪些措施或者援助？

答：我也看到了有关非法移民和难民被当成奴隶进行拍卖的现象，这显然是违法国际法的，是历史的倒退，应予以强烈的谴责和打击。

近年难民人数多达一千七八百万，创历史新高。这些难民多来自西亚北非的战乱国家，如利比亚、叙利亚、伊拉克、也门、阿富汗等。难民问题不仅困扰着产生难民的国家，而且对难民涌入的地区乃至全世界都影响极大。在全球化的今天，难民问题已经成为全球性问题，是国际社会共同面对的严重挑战。战后，联合国成立一个机构，叫联合国难民事务高专署（UNHCR），专门负责处理和解决难民问题，提供的援助包括难民初期的衣食住行和后期的最终安置（通常有三种途径：自愿回国、在庇护国就地融合、重新安置于第三国）。战后，联合国难民署的工作是卓有成效的，受到广泛赞誉。为此，它曾两次荣获诺贝尔和平奖。

问：老师您好，我共有三个问题，第一个是您刚才提到联合国有很多公约，它的普遍性没有办法得到保障。联合国在这方面做出了什么努力以及取得了怎样的效果？第二个问题是非政府组织现阶段在中国的发展面临什么问题、机遇和挑战？因为听您刚才讲非政府组织在美国非常活跃，那么我想知道它们在中国是怎么样的？第三个问题是我平时在学习中遇到的一个问题，即国际关系与人际关系两者之间的关系您怎么看？

答：联合国产生和促成了不少国际公约。公约一旦生效，公约的履行就是缔约国的职责和义务了，从法律上讲与联合国无关，包括公约的普遍性。我刚才提到公约的普遍性问题，作为案例，特别讲到在联合国大会以投票表决方式通过的《禁止核武器条约》。试想，拥有核武器的国家不批约，不受条约的限制，那么条约的目标就难以实现。所以就有个条约的普遍性问题，需要把所有的国家纳入条约之内，受条约的约束，不留空白。只有这样，条约的宗旨和目标才有可能得以实现。我认为推动实现普遍性的具体做法是，通过各种方式做非缔约国的工作，晓以利弊，促其批约。刚才说了，我在担任国际禁止化学武器组织外联司司长时的任务之一就是公约普遍性问题。我的做法是：申请资金，预算内或自愿捐款；出差非缔约国做工作；利用出差机会拜会非缔约国在当地的使节，或会见它们的参会人员；在合适的城市举办培训班，邀请非缔约国派员参加；做地区组织和有关缔约国工作，让它们发挥影响和作用。这样多管齐下，定有成效。当然，这对那些对公约内容确有重大关切和困难的国家就难以奏效。一个国家是否批准一个公约，纯属一国内政，纯属一国自己的考量和权衡，联合国、国际社会不能施压，更不能实施强制手段。

关于你提到的中国非政府组织的作用和影响，国际上对此的称谓是非政府组织，好像我们官方不这么说，通常称民间团体、社团。但据我所知，近年我们越来越多的社团申请成为具有联合国咨商地位的非政府组织，通过获得合法地位来参加联合国的会议，比如早期获得这一地位的全国妇女联合会、中国联合国协会等。近年，中国的各类社团越来越多，作用越来越大，为中国经济、社会发展做出重要贡献，是政府工作的重要补充。同时，中国目前有三四千个非政府组织具备开展国际交流与合作的能力。它们参加各类国际会议和学术论坛，宣传自己，借鉴经验，扩大影响，发挥了正能量。这是中国改革开放不断深化和我们日益融入全球化的结果。1995 年 9 月，第四届世界妇女大会在北京举行。与此同时，作为大会辅助性会议，中国按照联合国要求，还举办了世界妇女非政府组织论坛，具体由全国妇女联合会承办。参加论坛的境外人员多达 3.2 万人，中国与会者达 5000 多人。这里充分体现了中国非政府组织的作用。就参会人数而言，迄今中国承办的会议还没有超越它。当时，我是外交部国际司主管处处长，亲身参与了全过程，包括会前在联合国的几次筹备会议和在北京的具体准备工作，包括布置会场、安保、外宣、中方的立场等等。

另外，大家一定记得 2016 年 9 月在杭州举行的二十国集团峰会。据我所知，此前中国的各类非政府组织分别举办了会议，如智库会议等。中国联合国协会和中国民间组织国际交流促进会于 2016 年 6 月在青岛举办了二十国集团民间社会会议，邀请二十国集团成员国、嘉宾国、部分发展中国家非政府组织代表及联合国、非盟、东盟等国际组织和地区组织中外代表约 200 人与会。会议通过了一份看法和建议报告，提交给杭州峰会参考。习近平主席向这次民间社会会议致信表示祝贺，由杨洁篪国务委员到青岛会场宣读。本人当时作为中国联合国协会副会长兼总干事参加会议，主持部分会议并在会后举行记者会介绍会议成果。从承办的这两期活动，一个是妇女论坛，一个是民间社会会议，大家可以看到中国非政府组织的能力、影响和作用。

关于你说的国际关系和人际关系问题，这是另外一个专业了，我不是专家，没有研究。在我看来，没有人际关系也就没有国际关系了。作为政府代表或者非政府组织的代表，你要参加国际会议，当然要和人打交道。要想深入、有效交流，成为朋友并建立良好互动关系，你至少要熟悉业务、知识渊博，还要有个人修养和魅力，要能找到共同语言。在国际交往中，我们需要多交朋友，需要得到更多人的理解和支持。说话看似简单，其实也是一门艺术。不知是否回答了你的问题。

问：老师您好，想请教您一下朝核问题，朝鲜说要吸取利比亚的教训，不要像利比亚那样把武器交出去，躺着被处死，甚至也有学者分析说如果利比亚没有放弃核武器，也不会输得这么惨。怎么解决这些小国对于安全利益的后顾之忧呢？如果不解决他们的担忧，一味地推进核不扩散肯定会很艰难，怎么平衡核不扩散与小国对于国家安全利益担忧之间的关系呢？

答：联合国倡导的是大小国家平等，奉行的是集体安全。安理会的作用是维护成员国不受外部侵略、地区安全与世界和平。1990 年，伊拉克入侵并占领科威特，联合国随即授权对伊拉克动武，从而恢复了科威特的主权和领土完整。联合国的宗旨和目标已经成为国际共识，其基本原则已经成为国际法。我想这正是联合国成为全球最具普遍性、广泛性、代表性的国际组织的原因。

我刚才讲了《不扩散核武器条约》的核心内容，即三大支柱。就是说，条约认定 5 个安理会常任理事国拥有核武器，就是合法化，但要实施裁减直至销毁；条约不允许其他国家拥有核武器。条约本身说明，其他国家不寻求拥有核武器已经成为国际共识。我们知道，早期的巴西、阿根廷、南非等以及苏联解体后的乌克兰、白俄罗斯、哈萨克斯坦等国主动放弃核能力。它们显然认为，自身拥核未必能带来安全，况且世界拥有核武器的国家多了，世界可能会更不安全，因为滥用核武器的潜在机会可能会增多了，风险更大了。可见，依据《不扩散核武器条约》，朝鲜因进行核试验、拥核而受到安理会的制裁是顺理成章的，也是必然的。退一步讲，朝鲜有了核武器就能保证自身安全吗？我的答复是否定的，因为朝鲜国土面积很小，没有战略纵深；经济长期萧条，年年依赖外援；整体科技落后，科研人才有限。相形之下，以色列也是个小国，二战后发生了5次中东战争，结果大家都是清楚的。显然，以色列靠的不是核武器。核武器极为可怕，只能用来威慑，不能使用。看看日本核电站泄漏带来的恐怖后果和污染，就知道核武器有多可怕了。另一方面，朝鲜如果成为核武器国家，那么韩国、日本迫于威慑很可能也要拥核。其结果是恶性循环，导致地区安全态势更加恶化，朝鲜自身安全保障系数反而降低。所以，我认为朝鲜应该放弃开发和拥有核武器，回到六方会谈里，通过谈判解决其安全关切。当然，主要当事方美国也应该做出让步，展示诚意，摒弃零和游戏思维，拿出可行方案，解决朝鲜的安全关切，同其他国家一道努力实现朝鲜半岛无核化以及持久稳定与和平。这对各方都有利，是双赢、多赢。

同时，有关地区的成员国如能建立一个安全机制，制定透明和信任措施以及行为准则，定期召开会议，以有效沟通和协调，增信释疑，及时解决出现的问题，这同样有利于消除你提到的小国以及其他国家的安全关切。

第十讲

新时代中国特色大国外交

— 苏格 —

十九大报告指出，经过长期努力，中国特色社会主义进入了新时代，这是中国发展新的历史方位，同时也对当前的中国外交提出了更高的要求。新时代中国特色大国外交有许多新举措、新风貌。“不忘初心，方得始终。”今天的讲座主要通过纵向和横向的分析，重温中国外交如何服务于中国人民站起来、富起来、强起来的历史进程，并深刻领会新时代中国特色大国外交的丰富内涵与外延。

一

毛泽东领导新中国外交自立于世界民族之林

1949 年 10 月 1 日中华人民共和国的成立标志着中国人民站了起来，中国外交由此揭开崭新的历史篇章。

（一）向社会主义阵营“一边倒”

新中国外交可以溯源至抗日战争时期中共与美国的接触。抗战期间，国共两党进行合作，建立了抗日民族统一战线。1941 年太平洋战争爆发后，中国对日宣战，与美、英等国结为战时同盟，中国战场成为世界反法西斯战争的东方主战场，中国共产党在抗战中的作用也日益为美国所重视。但国民党政府长期推行“攘外必先安内”政策，不断制造军事摩擦，并拒绝中共关于建立民主联合政府的主张。美方认为国共关系恶化不利于对日作战，遂迫使蒋介石同意美国政府派军事观察组到延安考察，探求缓解国共矛盾。1944 年七八月间，美军观察组分两批抵达延安。中共中央积极倡导建立“太平洋各民族反日反法西斯的广泛统一战线”，对美军观察组前来考察非常重视。毛泽东主席亲自给《解放日报》社论定稿，在原稿标题“欢迎美军观察组”后增添关键字眼“战友们”。同年 8 月 18 日，中共中央发出《关于外交工作的指示》，将美军观察组来访视为我们在国际间统一战线的开展，是我们中华人民共和国外交工作的开始。

但随着对日作战接近尾声，美国出于全球战略需要，迅速转向“扶蒋反共”。抗战胜利后，国共重陷内战，美国对华政策被进一步纳入美苏对抗的冷战框架。1949 年 3 月中共七届二中全会前后，毛泽东根据复杂的国际环境，确立了未来对外政策的原则性和灵活性，相应提出了“另起炉灶”和“打扫干净屋子再请客”的重要方针。4 月人民解放军发起渡江战役，解放南京，毛泽东电示我军保护美、英侨民，并提出如果美英能断绝和国民党的关系，我们可以考虑和他们建立外交关系的问题。毛泽东还电告南京军管会外事处负责人黄华，表示可与逗留南京的美国驻华大使司徒雷登接触，但美国政府指示司徒雷登在任何情况下都不得访问北平。

在美方关闭同中共交往大门的情况下，中共与苏共关系却取得了重大进展。1949 年 1 月底，苏共政治局委员米高扬到访中共中央驻地西柏坡。6 月下旬，刘少奇率团秘密出访苏联，斯大林表示中华人民共和国成立后，将“立刻承认”并予援助。1949 年 6 月 30 日，毛泽东在《论人民民主专政》一文中明确提出“一边倒”政策，昭示中华人民共和国将坚定倒向社会主义阵营一边。这与“另起炉灶”和“打扫干净屋子再请客”并称为中华人民共和国成立初期外交政策的“三大方针”。中华人民共和国成立不久，毛泽东于 1949 年 12 月访问苏联，双方签订了《中苏友好同盟互助条约》，标志着“一边倒”政策正式实施。后来，因苏联霸权主义的发展，有学者曾对中苏结盟提出质疑并对“一边倒”政策发表过不同的学术观点。然而，从历史唯物主义的观点看，向社会主义国家“一边倒”的政策毕竟使中华人民共和国在当时的国际舞台上站稳了脚跟，为国家建设平稳起步创造了条件。

（二）捍卫国家独立和主权，倡导和平共处五项原则

中华人民共和国成立不久，朝鲜战争爆发。朝鲜战争初期是朝鲜南北双方之间的内战，但美国的军事干涉改变了战争的性质，并导致战争规模扩大。仁川登陆后，美军不仅越过了“三八线”，而且战火直逼鸭绿江边，对中国安全构成了严重威胁。在这种情况下，中国领导人毅然做出了抗美援朝、保家卫国的战略决策。

促使中国做出参战决策的另一个重要原因是美国对中国内政的干涉。早在中国革命胜利之前，美国就密谋了诸如“分离”“托管”等防止台湾“失陷”的方案，但鉴于当时的国际形势，杜鲁门政府于1950年1月针对台湾问题发表了“不介入”声明。朝鲜战争爆发后，美国决策者采纳了麦克阿瑟关于台湾为“不沉的航空母舰和潜艇基地”的战略分析，悍然派遣第七舰队侵入台湾海峡，阻挠我解放台湾的军事行动。台湾问题由此产生并拖延至今，成为中美关系中最复杂、最敏感的问题。针对台湾问题，中国政府在联合国讲坛上与美国进行了坚决的外交斗争，同时也通过长期的军事斗争宣示了维护国家主权和领土完整的坚定决心。朝鲜战争结束后，美蒋密谋签订《共同防御条约》，中国人民解放军于1954年炮击金门，此举旨在防止台湾问题固定化，反对美国制造“两个中国”的阴谋。1958年，针对国民党军队不断在大陆沿海进行骚扰和破坏，也为配合中东地区反对美国的侵略斗争，中国人民解放军再次对金门进行猛烈炮击。美国进行“战争边缘”讹诈，派出第七舰队为国民党护航。中国则通过专打蒋舰不打美舰、单打双停等策略，粉碎了美国逼压蒋介石放弃金马、“划峡而治”分裂中国的图谋，两岸紧张局势也逐渐走向缓和。

20 世纪 50 年代，中国在坚决捍卫国家独立与主权、维护国家领土完整和安全利益的同时，也通过提出自己的外交理念提升了在国际舞台上的话语权和国际影响力。1953 年 12 月，周恩来总理在会见来访印度代表团时首次完整提出了和平共处五项原则，其成为指导两国关系的准则。1954 年 6 月周恩来总理应邀访问印度和缅甸时，又将上述原则分别写入中印、中缅《联合声明》，确认这些原则适用于同亚洲及世界其他国家的关系。1955 年万隆会议期间，周恩来总理坚持“求同存异”方针，广做增信释疑工作，为会议成功举行做出了重要贡献，会议倡导的十项国际关系原则涵盖了和平共处五项原则的全部内容。1957 年，毛泽东主席在莫斯科郑重宣告，中国坚决主张一切国家实行和平共处五项原则，主张社会主义国家之间也应实行这些原则。1963 年底至 1964 年初，周恩来总理访问亚非欧 14 国期间，提出了中国经济援助的八项原则，将五项原则扩展到经济领域。和平共处五项原则展现了强大生命力，逐渐为国际社会所接受，被纳入大量国际条约和文献之中。

（三）提出“一条线，一大片”外交战略

随着 20 世纪 50 年代末 60 年代国际形势的变化，苏联霸权主义成了中国国家安全的最大威胁。中苏分歧最初缘起于意识形态领域，但苏方推行大国沙文主义，将双方的意识形态分歧扩大到国家关系领域。苏联方面向中国提出了建立长波电台、联合舰队等要求，毛泽东主席则坚持维护国家主权，视独立自主为生命线。双方矛盾逐渐激化，苏联撤回了援华专家，撕毁了协议合同，甚至挑起了边界冲突。1962 年 9 月，中共八届十中全会决定把帝国主义、现代修正主义一起作为斗争目标。“反帝必反修”成为这一时期中国外交的基本战略，俗称“两只拳头打人”。1969 年 3 月苏联挑起“珍宝岛事件”，随后又不断加大对华军事压力，形成战争威胁。

在苏联霸权主义日益发展的同时，深陷越战泥潭的美国也在酝酿着

战略调整，出台了“尼克松主义”，力图从印度支那脱身，巩固欧洲战略重点。美国总统尼克松对中国的看法也发生变化。他曾在1967年10月为《外交季刊》撰文指出：“从长远来看，我们简直经不起永远让中国留在国际大家庭之外”，上台之后又采取了一系列有利于缓和中美关系的措施。

战争与革命时代，中国外交在维护国家安全方面发挥了独特作用。中苏关系破裂成为中美两国接近的“催化剂”。1969年春，在毛泽东主席指示和周恩来总理具体安排下，陈毅、叶剑英、徐向前、聂荣臻四位元帅接受了“研究国际形势”的特殊任务，并提交相关书面报告。报告关于中苏矛盾大于中美矛盾、美苏矛盾大于中苏矛盾的战略分析，为打开中美关系之结提供了依据。毛泽东运筹帷幄，决定打美国这张战略牌，与美国联手，建立一个从中国经中东到西欧，越过大西洋到加拿大、美国，再经过太平洋至日本，包括太平洋南岸澳大利亚、新西兰在内的反对霸权主义的统一战线，再将周围一大批亚非拉国家团结起来，以对付来自北方的安全威胁，由此形成了“一条线，一大片”的外交战略。

1972年2月美国总统尼克松访华，毛泽东主席与其举行了历史性会谈。《上海公报》的发表标志着中美关系正常化大门的开启，两国在台湾问题上的僵局在一定程度上被打破，国际战略格局也随之改变。中国外交的重大战略调整使国家成功地免于两面受敌的被动态势，化解了国家面临的安全威胁。

二

邓小平开启“独立自主的和平外交政策”

20世纪80年代后，邓小平领导实施了中国外交又一次重大调整，开启了“独立自主的和平外交政策”，不仅为中国外交事业指明了前进方向，也为世界和平做出了伟大贡献。

（一）独立自主的和平外交政策

20 世纪 70 年代末 80 年代初，中国面临的国内和国际形势发生重大变化。国内层面，1978 年中共十一届三中全会做出了将党的工作重点转移到社会主义现代化建设的战略决策。1982 年，党的十二大确定了中国在新的历史时期面临的三大任务：在国内加紧社会主义现代化建设和争取实现祖国统一，在国际上反对霸权主义，维护世界和平。1987 年，党的十三大制定了“一个中心、两个基本点”的基本路线，中国特色社会主义建设事业步入新的历史发展阶段。这一时期，国际形势也出现了许多新变化。苏联对外扩张受阻，逐步由咄咄逼人的攻势转为守势；美国则由收缩逐步转向攻势，里根政府提出“以实力求和平”，力图恢复美国的战略威慑地位，以抗击苏联扩张。从宏观国际形势看，美苏之间形成了互有攻守、各有得失的“势均力敌”战略态势。西欧、日本及第三世界国家发展迅速，成为美苏之外一支独立力量，在国际舞台上发挥着越来越重要的作用，全球政治格局逐渐从两极向多极发展。

中国领导人认为，美苏争夺已经相对缓和，双方既争夺又对话，世界和平有望得到长期维护。由于中国是占世界人口 1/4 的大国，且已成为独立于美苏的一支重要力量，中国同美苏任何一方结盟或建立战略关系，都势必影响世界战略平衡，不利于国际形势的稳定。在此背景下，中国继续奉行“一条线”战略已不再适宜，必须根据国内外形势的发展变化进行相应的战略调整。经此调整，中国对外政策不再是“一条线”的联合，而是“独立自主的和平外交政策”，呈现出“独立自主”“真正的不结盟”的新特点。中国强调“不打美国牌，也不打苏联牌”，“也不允许别人打中国牌”。中国的目的在于争取世界和平，为现代化建设争取一个尽可能长的和平稳定的国际和周边环境。

美国屡屡干涉中国内政也是促使中国外交政策转变的因素之一。里根政府上台后改变了对中国战略地位的原有估计，主张强化与台湾的关系，坚持对台出售武器。中方就此进行了针锋相对的斗争，促使美国在1982年的《八一七公报》中承诺“准备逐步减少对台湾的武器出售，并经过一段时间导致最后的解决”。中国虽然出于战略考虑展现了灵活性，没有坚持美国停售期限，但强调台湾问题事关中国主权和领土完整，即使“由于台湾问题迫使中美关系倒退的话”，中国也“不会吞下去”。中方强调双方应在和平共处五项原则和中美三个联合公报原则指导下扩大和深化各方面合作，中美关系须“增进信任、减少麻烦”。

在邓小平外交理论指引下，20世纪80年代的中国外交成果卓著。中国正确处理对外开放与独立自主的辩证关系，彻底结束了历史造成的封闭状态，不断完善全方位、多层次的开放格局，在平等互利的基础上增进国际间经贸、科技交流与合作，大胆吸收和借鉴人类社会所创造的一切文明成果，包括发达国家的先进经营方式和管理经验；坚持反对霸权主义、维护世界和平的外交方针，发展同美国、日本、西欧等西方国家和地区的正常关系；坚持不结盟的外交政策，在1980年《中苏友好同盟互助条约》期满后不再延长，同时逐渐缓和对苏关系，1989年实现了两国关系正常化，同东欧一些社会主义国家的关系也得到了恢复和发展；全面推进同广大发展中国家的关系，改善和发展同周边国家关系，在处理某些历史遗留的领土和海域争端问题上提出“主权属我、搁置争议、共同开发”主张，既坚持了原则，又讲究策略，在一定程度上缓解了矛盾。在邓小平“一国两制”思想引领下，中国政府积极推进香港问题和澳门问题的妥善解决。1984年和1987年，中英、中葡先后签署联合声明，确认中华人民共和国政府将于1997年和1999年对香港、澳门恢复行使主权。港澳回归，洗雪了中华民族百年耻辱，成为实现祖国统一大业进程中的重要里程碑。

（二）韬光养晦，有所作为

20世纪80年代末90年代初，随着东欧剧变和苏联解体，两极格局不复存在，世界体系进入新一轮动荡与重组期。20 世纪 80 年代末，中国也发生了一场政治风波。美国等西方国家借机大幅调整对华政策，联手制裁、施压，干涉中国内政。面对这一严峻形势，邓小平总揽全局，提出了“冷静观察、稳住阵脚、沉着应付”的外交战略方针，随后又增加了“韬光养晦、善于守拙、决不当头、有所作为”。这“28 字方针”作为此后一个时期中国外交的指导方针，使中国经受住了东欧剧变、苏联解体的冲击，顶住了西方国家的压力。

风波之后，美国总统布什意欲稳定中美关系。邓小平坚持“解铃还须系铃人”，要解决问题，“美国应该采取主动，也只能由美国采取主动”。布什于 1989 年 7 月、12 月先后派遣特使斯考克罗夫特访华，邓小平也强调从世界全局着眼，用长远的政治和战略观点来处理中美关系，指出中美两国之间尽管存在这样那样的问题，但归根结底中美关系要好起来才行。这是世界和平和稳定的需要。中美之间“解铃”与“系铃”的博弈体现了中国外交原则性和灵活性的有机结合。

在国际风云变幻的背景下，以江泽民同志为核心的党的第三代中央领导集体坚持邓小平理论和“三个代表”重要思想，处变不惊，沉着应对，坚决维护国家主权和尊严。同时，从中国人民利益和世界和平稳定大局出发，稳妥谋求改善外部环境并同西方国家发展正常的国家关系，特别是推动中美关系在曲折中不断向前发展。经过中方努力和斗争，布什政府在政治上持续对华施压的同时，也延续了中国的最惠国待遇。针对克林顿政府把人权问题与对华最惠国待遇挂钩的决定，中方通过有理、有利、有节的斗争，促使美国于 1994 年宣布将人权问题同最惠国待遇“脱钩”，并提出对华接触政策。针对 1995 美国允许李登辉访美，中方坚持反分裂、反“台独”的原则立场，同时本着“增加信任、减少麻烦、发展合作、不搞对抗”的精神处理中美关系。1997 年和 1998 年，中美领导人实现互访，克林顿总统访华期间公开重申对台“三不”承诺，即不支持台湾独立，不支持“一中一台”“两个中国”，不支持台湾加入任何必须由主权国家才能参加的国际组织。1999 年，以美国为首的北约悍然制造“炸馆事件”，中国严正谴责这一暴行，驳斥“误炸”辩解，促使美国做出赔偿、道歉。在中国的推动下，中美经贸关系也取得重大进展。1999 年 11 月，经艰苦谈判，中美就中国加入世界贸易组织达成协议，2000 年 10 月克林顿签署对华永久正常贸易关系法案。这为中国最终入世扫清了最大障碍。2001 年 12 月，中国正式加入世贸组织。

2001 年小布什政府上台伊始，一度公开将中国定性为“战略对手”，这为新世纪中美关系的发展注入了不确定因素。4 月“撞机事件”发生后，中方对美提出严正交涉，在美国表示“抱歉”之后，坚持将美国侦察机拆分，由俄罗斯运输机承运回美国，捍卫了国家尊严。“9·11”事件标志着国际恐怖主义威胁的急剧上升。事件发生后，江泽民主席及时致电小布什，表示愿协作共同打击一切形式的恐怖主义。美国调整对华定位，逐渐将中国视为国际体系中“负责任的利益攸关方”，主张建设相互尊重、互利共赢的合作伙伴关系。两国关系得以转圜。

冷战结束后，中国外交以邓小平理论为指导取得了全方位进展。中国本着不干涉别国内政和尊重各国人民自己选择的原则立场，实现了与俄罗斯等原苏联国家关系的平稳过渡，与欧盟、日本及中东欧、拉美、非洲、亚洲等发展中国家的关系也取得了长足进展。

进入 21 世纪，世界多极化、经济全球化深入发展，科技革命加速推进，国际社会相互依存日益紧密，国际形势总体趋向和平稳定。但世界仍然很不安宁，霸权主义和强权政治依然存在，不少地区持续动荡，非传统安全威胁日趋严峻。面对这一形势，党的十六大之后，以胡锦涛为总书记的党中央明确提出“科学发展观”，不断创新外交理论，开辟了中国特色外交理论建设的新境界。中国进一步推进国际关系民主化，坚持尊重国际法和国际关系基本准则，推动建设“持久和平、共同繁荣的和谐世界”；中国顺应“和平、发展、合作”的时代潮流，坚定不移地走和平发展道路，持续树立负责任大国形象；中国外交继续秉持为全面建设小康社会服务的宗旨，努力营造和平稳定的国际环境、睦邻友好的周边环境、平等互利的合作环境、互信协作的安全环境和客观友善的舆论环境，不断开创对外关系新局面。在此背景下，中国积极谋划外交新布局，外交政策也发生了显著变化，既坚持“韬光养晦”，又注重“有所作为”，积极发展全方位外交，形成了“大国为关键、周边国家为首要、发展中国家为基础、多边是重要舞台”的基本格局。值得强调的是，二十国集团机制、金砖国家机制成为这一时期中国在国际舞台上积极发挥负责任大国作用的重要平台。

三

习近平领航新时代“中国特色大国外交”

党的十八大以来，中国外交取得了全方位、历史性的巨大成就。十九大则明确宣告中国特色社会主义进入了新时代，中国外交又一次站在了新的历史起点上。习近平同志提出并领导实践的外交思想，历史性地成为新时期中国特色大国外交的行动指南。

（一）国际国内环境的历史性变革

经过新世纪以来十多年的发展，全球政治经济格局进入了大发展、大变革、大调整时期。国际力量对比持续“东升西降”，新兴市场国家和发展中国家快速发展崛起。世界多极化趋势更加明显，经济全球化“双刃剑”效应持续显现。“单极”与“多极”斗争仍在持续，守成大国对新兴大国崛起的焦虑感和戒备心增强。国际政治安全矛盾跌宕起伏，世界经济竞争与相互依存两面性同在，全球治理任务艰巨，规则制定和秩序走向之争更趋激烈。非传统安全问题日益凸显，“软实力”竞争呈上升趋势。总体而言，国际形势有若干“没有变”：和平、发展、合作、共赢的时代潮流没有变；世界多极化、经济全球化、社会信息化、文化多样化和科技创新加快推进没有变；世界各国经济相互依存的态势没有变；国际力量对比总体上有利于保持世界和平的态势没有变。另一方面，国际社会也面临着和平赤字、发展赤字、全球治理赤字所产生的严峻挑战。

与此同时，中国也实现了历史性变革。十八大以来，在以习近平总书记为核心的党中央领导下，中国人民栉风沐雨，砥砺前行，积极致力于实现“两个一百年”的奋斗目标。习近平同志深刻阐述了实现中华民族伟大复兴的中国梦，并赋予其更加深远的世界意义。经过不懈努力，中国特色社会主义进入了新时代，改革开放和社会主义现代化建设取得了历史性成就，中国社会主要矛盾也已转化为人民日益增长的美好生活需要和不平衡、不充分的发展之间的矛盾。随着国内社会主要矛盾的转化，进入新时代的中国也提出了新的历史目标。十九大报告明确指出，全面建设小康社会决胜阶段之后要实现两个跨越：一是从 2020 年至 2035 年，基本实现社会主义现代化；二是从 2035 年至 2050 年，建成富强、民主、文明、和谐、美丽的社会主义现代化强国。可以说，中华民族迎来了从站起来、富起来到强起来的伟大飞跃，中华民族伟大复兴展现出前所未有的光明前景。中国的发展既面临前所未有的机遇，也面临前所未有的挑战。在世界百年未有之大变局中，中国外交任重道远。

（二）习近平引领下的新时代“中国特色大国外交”

外交是内政的延伸，外交必须适应变化了的国际格局和国内形势。十八大以来，习近平提出中国外交必须“更加积极有为”，“中国必须有自己特色的大国外交”，强调中国对外工作应具有“鲜明的中国特色、中国风格、中国气派”。这一要求正是基于中国外交与实现中华民族伟大复兴之间内在的辩证统一关系。为此，习近平同志牢记根本，不忘初心，审时度势地对中华人民共和国成立以来特别是改革开放以来的中国外交实践与战略思想进行了总结、继承和发展，为新时代中国特色大国外交指明了方向。

1. 提出中国特色大国外交的新思想新理念

习近平为中国对外工作的理论和实践创新提出了新思想和新理念，主要有：一是丰富和发展了和平发展的战略思想，深化和升华了和平共处五项原则核心精神，主张坚持主权平等、坚持共同安全、坚持共同发展、坚持合作共赢、坚持包容互鉴及坚持公平正义；二是推动建设相互尊重、公平正义、合作共赢的新型国际关系；三是推动构建人类命运共同体，建设持久和平、普遍安全、共同繁荣、开放包容、清洁美丽的世界；四是倡导公平、开放、全面、创新的发展观，构建全球伙伴关系的合作观；五是践行共商、共建、共享的全球治理观，弘扬义利合一的价值观；六是倡导共同、综合、合作、可持续的安全观，尊重和保障各国的安全利益，涵盖传统安全和非传统安全领域，通过对话与协商促进地区安全，践行发展与安全并重理念，实现持久安全。这些新思想和新理念，摒弃了结盟对抗、零和博弈的旧观念、老套路，既具鲜明的中国特色，又有重大的世界意义，不仅是新时代中国外交的行动指南，也将对人类和平、发展与进步产生深远影响。

十九大把习近平新时代中国特色社会主义思想确立为党必须长期坚持的指导思想，并把推动构建新型大国关系、推动构建人类命运共同体作为新时代中国特色大国外交的总体目标。构建新型国际关系，就是要摒弃传统的以强凌弱的丛林法则、我赢你输的零和游戏，走出一条国与国交往的新路，这既是历史经验教训的总结，也顺应了时代发展潮流。构建人类命运共同体是新时代中国外交的一面旗帜，目标宏大，内涵丰富，它要回答的正是人类与世界向何处去这一重大历史和哲学命题，这一目标的最终实现将是人类之幸、世界之福，新型国际关系建设将为此寻求并打开道路、开拓并积累条件。两个“推动构建”作为新时代中国外交的总目标，昭示了中国外交的崇高使命，凝练了中国外交的核心理念，展现了中国愿同国际社会一同努力的强烈意愿。

2. 谋划中国特色大国外交的综合布局

中国特色大国外交继承了以往中国对外交往的优秀品格和传统，并结合全球化和多极化发展变化的新形势，高举和平、发展、合作、共赢旗帜，既敢于作为又善于作为，既开拓进取又居安思危，既考虑现实需求又顾及长远影响，既维护本国利益又兼顾他国利益。中国特色大国外交在延续基本布局框架的基础上，不断开拓创新，形成了全方位、多层次、立体化的外交布局。

一是积极构建新型大国关系。习近平主席与奥巴马总统庄园会晤、瀛台夜话、白宫秋叙，与特朗普总统海湖庄园会晤、汉堡会晤等，使中美关系发展迈上新征程，通过加强沟通、拓展合作、管控分歧，守住“不冲突、不对抗”底线，筑牢“相互尊重”基础，共同推进“合作共赢”目标。在5年多时间里，习近平主席6次访问俄罗斯，俄罗斯总统普京也6次到访中国，中俄全面战略协作伙伴关系基础得以夯实，互信与合作进一步增强，两国关系更趋成熟、稳定。中欧和平、增长、改革、文明四大伙伴关系进一步深化，利益交汇不断加深，战略合作水平持续提升。中国与其他发展中大国及地区大国友好合作关系也得到长足进步。

二是继续推动周边关系健康发展。中国提出“亲、诚、惠、容”的周边外交理念，倡导亚洲安全观，继续把周边作为外交优先方向，致力于构建周边命运共同体，与周边国家和睦相处、守望相助，同周边国家关系总体朝着更加积极的方向发展。

三是持续深化同发展中国家关系。中国提出树立正确的义利观，继续同其他发展中国家传承友谊、增进互信、深化合作、共谋发展，全面团结协作伙伴关系不断增强，取得了丰硕成果。

四是努力打造多边外交朋友圈。中国深入参与和引导多边外交进程，与联合国和其他重要国际组织关系取得新发展。中国秉持平等、包容和共赢的理念，力图走出一条“对话而不对抗，结伴而不结盟”的新路，迄今已同97个国家和国际组织建立了不同形式的伙伴关系，全球伙伴关系网络愈加广泛，合作共赢道路越走越宽。

3. 着眼于为民族复兴尽责、为人类进步奉献

步入21世纪后，综合国力和国际影响力日益壮大的中国，勇于开拓、积极进取，同时又做事有度、量力而行，不做超出自身实力和发展阶段的事情。中国坚持走和平发展道路，努力把世界的机遇内化为中国的机遇，把中国的机遇贡献为世界的机遇。中国毫不回避自己所应承担的大国职责和义务，一直努力为推动世界和平、发展和进步做出应有贡献。

在对外经济合作方面，中国主张各国人民共享发展成果，每个国家在谋求自身发展的同时，都要积极促进其他各国共同发展。面对“逆全球化”和保护主义思潮抬头，中国始终坚持开放包容立场。中国外交向世界展现了大国的担当，不仅对冲了世界经济中的不确定性，也充分展示了中国的定力和自信。中国外交坚持以为发展和改革开放服务为第一要务，紧紧围绕这一大局营造更稳定、更友善的外部环境。作为最大的发展中国家和新兴经济体代表，中国在世界和区域共同发展中已经并将继续做出自己应有的贡献。中国的发展将为世界各国发展带来更多机遇。

中国主张树立国际社会“利益共同体”意识，积极寻求各方利益最大公约数，携手促进共同发展。中国支持联合国千年发展目标，并将一如既往地秉持义利相兼、以义为先原则，同各国一起共同为实现2015年后发展议程做出努力。中国积极参与联合国维和、国际人道主义救援活动，设立“中国—联合国和平与发展基金”；倡导创立亚洲基础设施投资银行和金砖国家新开发银行，开创发展中国家组建多边金融机构先河；设立“中国气候变化南南合作基金”，坚定不移地支持应对全球气候变化的《巴黎协定》。中国主动应对各种全球性挑战，成为全球治理进程中最有活力、最有担当的积极力量。

中国坚持奉行“共商、共建、共享”原则，推动“一带一路”建

设，从陆上和海上两个方向拓展多条经济走廊，以推动实现缩小地区发展差距和区域一体化进程的目标。迄今，已有 100 多个国家和国际组织积极支持和参与“一带一路”倡议，联合国大会等也将“一带一路”建设内容纳入相关决议。2017 年 5 月，来自 130 多个国家、70 多个国际组织的嘉宾会聚一堂，参加“一带一路”国际合作高峰论坛。中国倡议成立的亚洲基础设施投资银行于 2016 年 1 月开业运营，不仅深受亚洲发展中国家欢迎，也得到越来越多发达国家的肯定。“一带一路”已成为开放包容的国际合作平台和顺应各国发展愿望的全球公共产品。

当今世界仍动荡不安，地区战乱冲突依然存在。中国始终坚持通过对话协商和平解决争端，反对动辄使用武力或以武力相威胁，主张摒弃冷战思维，走出一条各国共建、共享、共赢的安全之路，促进国际和区域的共同安全、合作安全、综合安全和可持续安全。面对现有国际秩序和国际体系，中国始终主张对其在维护中加以改革完善。中国积极致力于维护地区稳定与安全，通过亚洲相互协作与信任措施会议、上海合作组织和东亚合作框架等机制，促进地区国家安全防务交流合作。中国积极参与打击恐怖主义、维护网络安全、抗击传染疾病等国际合作，在国际安全事务中发挥着负责任大国作用。中方积极参与热点问题的和平解决，倡导并践行“解决热点问题三原则”：坚持不干涉别国内政，反对强加于人；坚持客观公道，反对谋取私利；坚持政治解决，反对使用武力。

中国在维护国家主权、安全和发展利益方面积极有所作为，展现了坚定的战略定力。在朝核问题上，中国秉持“三个坚持”立场：坚持半岛无核化、坚持半岛和平稳定、坚持通过对话协商解决问题。在海洋领土主权与权益争端问题上，中国主张通过和平方式解决，坚决捍卫中国在南海的领土主权和海洋权益，以“三不”原则回击南海仲裁，同时适时推进与菲律宾关系全面转圜，挫败了域外国家干涉南海局势的图谋。中国坚定不移走和平发展道路，但决不以牺牲国家核心利益为代价。在日本右翼“购岛”问题上，中国坚持主权立场，宣布划设东海防空识别区并实施常态化巡航。中国不惹事也不怕事，坚持“底线思维”。“中国决不会以牺牲别国利益为代价来发展自己，也决不放弃自己的正当权益，任何人不要幻想让中国吞下损害自身利益的苦果。”此外，在非传统安全领域和“软国力”竞争中，中国对“颜色革命”等“不战而胜”的图谋保持高度警惕和防范，坚持切实“将自己的事情办好”。

中国积极推动文明交流互鉴。习近平主席指出，“文明因交流而多彩，文明因互鉴而丰富”。崇正义、重民本、尚和合、求大同，博大精深的中华文化赋予了中国外交独特的印记。中国外交致力于通过推动全方位人文交流，广结善缘，加强民心相通，让中国梦同各国人民的愿景“美美与共”。中国文化注重对内“强根固本”，对外“兼收并蓄”，以使国家“软实力”之影响在润物无声、潜移默化之中得到国际社会的认同和接受。中国外交努力探索“借船出海”，以平易近人的语言和方式，讲好中国故事，贡献中国智慧，分享中国方案。近年来，中国领导人出访安排常与“文化年”等国家级交流活动相伴。此外，杭州 G20 峰会、“一带一路”国际合作高峰论坛、厦门金砖国家峰会等大型主场外交的成功举办，也展现了中国的综合实力和良好形象。政党外交不断加强。2017 年岁末，来自世界 120 多个国家的近 300 个政党和政治组织的领导人参加了中国共产党与世界政党高层对话会。

习近平指出，“我们生活的世界充满希望，也充满挑战。我们不能因现实复杂而放弃梦想，不能因理想遥远而放弃追求”，中国将“始终做世界和平的建设者、全球发展的贡献者、国际秩序的维护者”。在习近平新时代中国特色社会主义思想指引下，中国特色大国外交将以更宽广的世界眼光、更自觉的国际责任，不忘初心，牢记使命，锐意进取，开拓创新，再铸新的历史辉煌。

互动环节

问：新时代中国特色大国外交面临着诸多挑战，分离主义就是其中之一。我们应如何应对？

答：我们经常讲“树欲静而风不止”。当前国际格局特点之一，就是发展中国家的群体性崛起，中国是其中突出的一个。一些人对此自然存在焦虑的心态。这时候我们就要保持自己的战略定力，坚持正确的战略判断，坚决防止战略失误，同时还要趋利避害，防患未然。我们也面临一些问题，如分离主义。就台湾问题而言，我们提出了更高的愿景：民族复兴，两岸人民共同携手努力，共创中华民族的美好未来。同时，我们现在应对“台独”势力的实力更强了，手段更多了，比如在学习、生活、就医等方面给予台湾同胞同等的国民待遇。总之，在任何情况下，我们绝不允许任何人、在任何时候、以任何形式、把任何一块中国领土从中国版图上分裂出去。我们会全力维护国家领土主权，老祖宗留下来的一点都不能少。

问：台湾的老年人对大陆的认同度比较高，年轻人则比较低。我们应通过什么方式去影响和改变他们的国家认同感？

答：台湾的年轻人和老年人相比，确实有民族认同感缺失较大的情况。老人对曾经生活过的故土情感相对深一点，年轻人则更关心生活问题、生计问题、学历问题等等。但是对年轻人也不能一概而论，认同感强的也大有人在，还有一些年轻人表示应该加入中国共产党。至于增强认同感问题，这需要一定时间的积累。我们应重视与年轻人的交往。现在两岸在经济、文化方面的交流总体来讲还是比较密切的。大陆经济发展迅速，台湾民众也想更好地在大陆的带动下发展经济。经济往来、文化交流会推动民心相通，海峡两岸之间的国家认同也将随之得到加强。总之，两岸是割舍不断的命运共同体，两岸同胞是血脉相连的骨肉兄弟。实现祖国完全统一，是中华民族根本利益之所在，也是全体中华儿女共同的神圣职责。

问：您怎么看中国的联合国外交？我们在国际组织和联合国的国际公务员代表性是严重不足的，您对于提高国际公务员的能力和数量有什么看法？

答：国际组织和联合国一直是中国外交四大领域（大国、周边、发展中国家和多边外交）当中重要的组成部分。我们高度重视维护联合国的权威，发挥联合国在维护世界和平、促进世界发展中的作用，也积极参与联合国维和行动及发展、气候变化等方面的相关活动，并发挥着越来越大的作用。不过，我们在联合国或其他国际组织当中的代表性仍显不足，同我们的人口数量和应尽的国际责任不成正比。国际社会在发展、全球治理等方面虽有分歧，但也存在诸多共识，中国提出的人类命运共同体理念就被纳入了联合国的相关决议，中国的影响力在不断提升。人类命运共同体的理念发祥于中华民族崇尚和合、天下为公的优秀文明，超越了国别、党派和制度的异同，符合国际社会的共同利益。而构建人类命运共同体是一个宏大的目标，其内涵丰富而广泛，任务繁重而艰巨，需要一代又一代人接力奋斗才能完成，也需要更多的年轻学子走向外交第一线，和国际社会一起不懈努力，共同推进。年轻同学们的未来任重而道远。

问：您认为中亚国家在上合组织中处于什么样的位置？巴基斯坦和印度成为上合组织的成员国，对世界会有什么样的影响？

答：上合组织的宗旨和原则集中体现为“上海精神”，即“互信、互利、平等、协商、尊重多样文明、谋求共同发展”。上合组织成立以来，对深化成员国之间的睦邻互信与友好合作、巩固地区安全和稳定、促进联合发展发挥了重大作用。中亚国家在上合组织中的作用是不可或缺、至关重要的。亚欧大陆的安全、发展、合作需要中亚国家发挥积极作用。中亚国家在新时代中国外交当中也占据十分重要的位置，中国的周边安全、“一带一路”建设与中亚国家密切相关。

印度和巴基斯坦2017年正式成为上合组织成员国。规模扩大将为上合组织发挥更大作用提供契机，但也带来了需要面对和解决的新问题。希望印度和巴基斯坦加入上合组织之后，能秉持“上海精神”，友好合作，相向而行，改善彼此关系。发展和安全相辅相成，缺一不可．希望上合组织成员国聚焦发展和安全合作，共同为新时代上合组织的发展注入新的活力。

第十一讲

走进联合国儿童基金会

——中国与世界的儿童生存、发展、保护和参与

— 陈学锋 —

今天主要向大家介绍一下联合国儿童基金会的工作和中国儿童基金会的工作，主要分为四个部分的内容：联合国儿童基金会的使命；联合国儿童基金会在中国；联合国儿童基金会员工胜任力要求；其他的国际组织。

联合国儿童基金会成立于第二次世界大战之后的1946年，全称是United Nations International Children's Emergency Fund，可以缩写为UNICEF。联合国儿童基金会成立后最初的目的是满足第二次世界大战之后欧洲和中国儿童的紧急需求，实际上是紧急救援组织。1953年，其成为联合国系统的永久成员，并改名为United Nations Children's Fund，但是缩写不变。

联合国儿童基金会是联合国的一个部门，是联合国人权推动的一个部分，联合国针对弱势群体有一系列的公约，儿童是其中很重要的一方面。1971—1976年，大家分不清基金和基金会在英文中的区别，以为是联合国儿童基金会，其实是联合国基金，是一个项目，是联合国有关儿童事业的费用在各国的执行，但约定俗成，以后大家就都称呼这个基金为基金会了。联合国儿童基金会的光荣历史是1965年获得了诺贝尔和平奖。1989年是个重要的里程碑，《儿童权利公约》获得联合国大会通过并于次年生效，截至目前缔约国达到196个，从那以后联合国儿童基金会的使命就有了更具体的载体，任务是执行《联合国权利公约》，使命是保护全世界儿童的权利，这个权利并不是权力，是在人权框架内的权利。《儿童权利公约》是历史上受到最广泛认可的人权协议，也是指导联合国儿童基金会开展自己工作的行动指南。外交部条法司具体负责《儿童权利公约》在中国的执行，是对外的一个出口，国务院下设的妇女儿童工作委员会是中国执行《儿童权利公约》的协调、检测和报告单位。

《儿童权利公约》的法律性条文可以归为四大类：保障儿童生存权利；保障儿童发展权利；保障儿童受保护权利；保障儿童参与权利。《儿童权利公约》有四个重要原则，分别是：（1）发展原则，即所有儿童都有权利实现自己发展的最大潜力。（2）最大利益原则，与儿童相关的所有行为都应该以儿童的最大利益为首要考虑。签署《儿童权利公约》的各国政府需要把公约拿到自己的国家推动和执行，所以无论是成人还是儿童、政府或者社会，与儿童相关的行为都应该以儿童的利益为首要考虑。儿童基本的生存和发展权利也要得到保障，包括基础医疗等，要求本国能够提供最大程度的医疗保健和服务。（3）倾听和尊重儿童的声音。（4）参与权是生存最高的权利，阻碍儿童实现这些权利的因素有很多，随着人类社会的进步，人类很难超越历史阶段，但是有了这个公约，让儿童这个群体的利益可以得到更好的保障。一旦有人去维护，公约就会成为推动社会公平发展的重要力量。

儿童权利不能实现的原因有很多，其中贫困是剥夺儿童权利的主要原因，会剥夺儿童成长的健康环境，导致虐待、剥削行为的蔓延，而且贫穷是会代际传递的。联合国儿童基金会是一个链条，可保障妇女儿童的健康。贫穷的妇女因为缺乏微量元素会生出来营养不良的婴儿，在幼儿时期孩子会发育迟缓，家庭和学校的卫生状况也会导致孩子经常生病而无法正常学习。所以，人的各种权利是会相互联系的，孩子在校的成绩不好或者家里负担重会导致提前辍学，从而去做童工，这样会使他们在贫困方面继续挣扎。但是贫困只是诸多原因中的一方面。联合国儿童基金会的总部在纽约，在154个国家有援助项目，会把联合国的基金分散到各个项目，按照公式来分给不同国家，这个公式是以一个国家儿童发展水平作为系数，比如一个国家5岁以下儿童死亡率等，这是一个国家基础的卫生保健水平和受教育率。一个国家越发展，就越和这个系数成反比；国家越发达，分配的钱就越少。中国由于贫富差距大、人口基数大、发展水平高，所以救助基金逐渐减少。

联合国儿童基金会设有7个区域办公室，比如东亚和太平洋区域办公室设在泰国曼谷，南亚区域办公室设在尼泊尔等，这些办公室大部分分布在发展中国家。另外，在36个国家设有国家委员会，负责联合国拨款的常规资金以外的筹资，而这36个国家几乎都是发达国家。这些国家和联合国儿童基金会是紧密合作的，他们的员工不是来自联合国儿童基金会，而是由当地比较有影响的人组成的，包括一些企业家等。联合国儿童基金会对企业的伦理审查是非常严格的，随着中国的不断发展，现在中国也有许多筹资，但是仍处在无意识开发的过程中。因为审查很严格，所以不接受与军火有关的企业给予的捐赠，还有烟草公司、儿童早期奶粉公司的援助也不能接受，曾经有过丑闻和使用童工的公司也不能接受。联合国儿童基金会现在有1万多名员工，有6000多名是在各个国家办公室的，人数是联合国各部门中最多的。

下面主要介绍一下联合国儿童基金会在中国的情况，包括项目结构、历史、现状和未来。联合国儿童基金会1946年成立后，很快在各个国家得到支持，并且开始在中国开展工作。1947—1951年，联合国儿童基金会在中国提供紧急援助服务，包括食品、营养、健康和卫生培训等。1979年，联合国儿童基金会恢复在中国的项目工作，并一直致力于儿童的生存、保护和发展，这实际上是政府间的合作项目，从那以后，每5年一个周期直到今天仍不间断地实施项目，根据儿童的需要来进行服务。中国是《儿童权利公约》的签字国，当时是李鹏总理签署的，公约签署后需要在签字国的立法机构获得同意后方能生效。公约生效后，国务院成立了国务院妇女儿童工作委员会，在签署《消除对妇女一切形式歧视公约》后，国务院妇女儿童工作委员会负责这两个公约在中国的执行，成为一个协调机构，国家部委中所有牵扯到儿童方面的事情都由这个委员会进行协调。委员会制定儿童发展纲要，十年一更新，在进程中检测。《儿童权利公约》签署以后，联合国儿童基金会成立了儿童权利委员会，负责审阅国家在这方面的进展报告，开始是两年提交一次，后来变成5年提交一次，根据各国情况来制定相对应的意见，例如12号文件反映各国在儿童参与度方面所做的工作较弱，儿童权利工作委员会由各国推荐的专家组成。在中国设立联合国儿童基金会研究所的原因是人口基数大。

联合国儿童基金会的工作模式是先在地方进行试点，变成示范性项目，然后和政府一起把项目推广，采用试点—政策—推广的模式。先开展试点项目，通过项目成果影响、支持国家政策的形成，然后依托政府资源将试点项目进一步推广以惠及更多儿童。项目领域主要包括教育、营养、健康、儿童保护、水、艾滋病、社会接纳在全球的共识和行动。社会接纳的概念是这样的，在社会中有一些弱势群体或新出现流动儿童的问题，可能是联合国儿童基金会最早关注的，中国在开始城镇化的时候，借鉴了他国的经验，通过项目带动政府的认识，从而未雨绸缪。

大的项目框架是这样的：（1）健康、营养、水、环境和卫生。在地方的重点是确保儿童和妇女尤其是最弱势的儿童能够从低成本但是高质量、高收益的干预中收益。主要致力于改善政策制定者、卫生服务提供者、社区和家庭的有关行为，以及妇女儿童对于高质量服务的需求。政策制定者是中央和地方的卫生部门，村里的医疗卫生服务提供者是村医，但是需要公共服务，帮助孕妇去卫生院生产，儿童接种预防针。国家给补贴支持这些项目，确保每个人得到公共服务保障，还有社区和家庭的有关行为，而家庭和社区主要涉及的是保健类，如打预防针等。（2）教育与儿童发展。确保所有0岁至6岁的儿童能够享有可承受的、高质量的儿童早期发展服务，确保儿童尤其是弱势儿童能够享有完整的、友好的、高质量和公平的素质教育。近些年来教育越来越公平，但是质量差异越来越大。中国教育的差异已经不是体现在入学率上，在农村已经可以保证每一个人入学，要保证的是教育质量，提高教师队伍的质量。(3)儿童保护。在中国支持建立一个能够受益所有儿童的、公平的、整合的儿童保护体系，确保所有儿童能够享受没有暴力、虐待、剥削和忽略的家庭和社区环境。如果存在这些问题，将由公安机关介入处理，但是儿童受虐待从发现到处理报告机制方面还是很弱的，例如红黄蓝幼儿园虐童事件。发达国家有义务报告制度，还有包括如何界定是否被虐待，包括打自己孩子算不算虐待，这些都需要深入探讨，我们希望可以建立更好的预防和应对机制。(4)社会政策与全纳。因为是政府间合作，有的项目是针对政府投资部门的，比如国家发改委、财政部，现在中国在治理过程中，公共服务日益重要，将儿童所需要的基本服务纳入公共服务的篮子中去，确保所有儿童尤其是最弱势的和被边缘化的儿童，能够从公平的和全纳的减贫和社会保护系统中受益。中国也开发了越来越多的医保和低保，这都是向儿童倾斜的问题。

在所有支持项目领域中，要坚持政府的政策倡导，向全社会和家长传播儿童优先的理念。联合国儿童基金会独特的优势在于知识和经验领域。联合国儿童基金会是人道主义发展机构，不同于慈善组织，慈善组织一般直接向需要群体提供资金和物质方面的帮助，但是联合国儿童基金会作为发展型组织，需要通过项目推进政策的变化，致力于推动人类进程，促进保护事业发展。联合国儿童基金会也是中国政府的合作伙伴，合作关系是固定的，具体合作部门可能随着合作点而变化，但是合作是不变的。依托政府资源将项目推广，虽然是跟政府合作，但是使用项目的成功来推动政府和社会的支持，从而更好地发展。联合国儿童基金会的资金和中国拥有的资金一比，虽然是“沧海一粟”，但主要是为了推动发展，开展创新项目。作为联合国的组织，联合国儿童基金会严格按照要求进行财务审计，有着严谨的项目报告制度。

2015 年 9 月 25 日，联合国可持续发展峰会在纽约总部召开，联合国 193 个成员国在峰会上通过了 17 个可持续发展目标，分别是：(1)消除贫困；(2)消除饥饿；(3)良好健康与福祉；(4)优质教育；(5)性别平等；(6)清洁饮水与卫生设施；(7)廉价和清洁能源；

（8）体面工作和经济增长；（9）工业、创新和基础设施；（10）缩小差距；（11）可持续城市和社区；（12）负责任的消费和生产；（13）气候行动；（14）水下生物；（15）陆地生物；（16）和平、正义与强大机构；（17）促进目标实现的伙伴关系。这意味着在全球有一个共识需要各国共同遵守并行动，到2030年联合国会检查各国实施的状态。联合国儿童基金会的人数其实是有限的，比如在中国的办公室只有一百零几个员工，其中20多名是筹资部门的，实际的项目员工只有50人左右。每一个周期都要靠资料的调查和分析来确认中国儿童面临的挑战到底是什么，哪些点能促进中国儿童的权利向前推进。2015年，联合国儿童基金会在和中国政府共同协商后提出了2016年至2020年在中国工作的重点：（1）提高公共服务的质量和可行性，尤其是卫生、营养、水等方面。在中国的治理中，公共服务的地位得到提升，划定服务范围、给予资金支持，将儿童所需要的基本服务纳入公共服务的篮子中去，让儿童真正受益。最近国家发改委召开了关于公共服务的会议，把曾经可能忽略的儿童问题提了上去，除此之外，教育领域还有很多重大举措，比如“十三五”规划提到要把高中纳入义务教育、学前教育一年免费等。（2）健全满足儿童的社会保护体系，包括消除多维贫困。儿童的贫困不仅是金钱，还有机会。例如是否有公共服务来对他的家庭给予帮助，启蒙教育能否实现。中产阶级家庭能基本满足，但是偏远山区的孩子则不行。科学研究显示，0岁至3岁是儿童智力发展期，儿童早期教育不能跟上或者不能充分发展的话，会导致其在以后的人生中有所缺失。解决多维贫困迫在眉睫，比如孩子不能在干净的卫生间上厕所，会引发肠道疾病，这样细菌增多，菌群会影响大脑。要是没有好的生活环境，孩子的营养不会被大脑吸收。众所周知，儿童早期的营养影响最大的是大脑。给儿童解决户口问题，虽然这项公共服务已经匹配，但是家长却意识不到这个问题。（3）通过整合的跨部门合作，能够让0岁至3岁的儿童更好地发展。过去的两年，我们已经在诸多贫困地区进行帮助和服务，促进免疫，增加营养。2010年以前，我们在29个农村试点，确定方案，培训教师。成本分析作为其中一个推手，国务院做出了加快发展学前教育的方案；另外一个推手是北京的一位老奶奶，为了让孙子上幼儿园排队九天，新闻报道后高层高度重视，发改委投资500亿支持项目建设，现在增加到5000亿以上。中国的学前幼儿园从13万变成24万，但是目标不能停止，因为还有偏远地区的孩子，所以我们的工作不会停止。此外，教师的待遇、质量、培训都是要考虑的。这些都是儿童多维贫困和福利保护问题，一开始在100个村子试点，后来在村子里设立儿童福利主任，确保每一个孩子都能上户口，每一个孩子的权利都能得到保障。这样孩子们都能在公共服务的帮助下，进入良性发展轨道。2020年会达到更高的发展层次，覆盖到更多的儿童，成为国家常规服务，这样我们的服务就完成了，需要找其他的项目进行工作了。

联合国儿童基金会在选择人员时，以下是需要注意的。录取的时候会有面试和考试，每年还要根据胜任力和业绩进行评定。胜任力是指胜任儿基会工作必须具备的能力和行为，基于胜任力的方法是儿基会在个人发展、职业发展、人力资源规划、招聘、选拔、绩效考核、员工个人学习与发展中应用的方法。任何一个胜任能力都是由价值观、个性、知识和技能决定的，价值观、个性是更长久的、内部的，技能和知识也很重要。联合国儿童基金会的胜任能力由两部分组成：基础性和功能性。要具备的基本胜任能力有：责任感、追求结果、接纳多元的工作环境、正直、自我意识和自我调节、团队合作。我们要经常进行团队合作，无论是政府间还是和区域组织，就是要不停地和这些人打交道，团队合作精神很重要。与此同时，还要具备以下功能性胜任能力，因职位有不同，印象能力也不同，主要包含系统思考、判断能力、沟通能力、领导愿景与变化、数学能力、团队领导力等。沟通能力对于初级员工更重要，数学能力可能是助理或者后勤都需要，位置不同需要的能力也不一样。比如，让你讲讲过去遇到最困难的事情，你讲述的过程就是对你是否具备这些能力的一个考察。基本的价值观和态度也很重要，社会价值观尤为突出，儿童基金会是一个知识共享、乐于助人的团体。跨文化和性别敏感性很重要，政府会送一些有能力的人来儿童基金会，包括中国。有一次，一位意大利的实习生在交流中一时兴起吻了对方，但是在其他文化中这样的行为可能是不能被接受的。还有一些基本态度，比如道德价值观、灵活度、实用主义和易接近性等。另外，在管理与运营岗位上工作的员工还需要管理技能、团队合作、价值观等胜任力。有兴趣了解联合国儿童基金会的同学可以进入网站：http：//www. unicef. org/about/employ/index. php。中国也有联合国儿童基金会的招聘，但是必须是成年人，要求至少有两年的工作经历，但志愿者可以是大学毕业生。志愿者必须有任务，要让志愿者成长，不能拿志愿者当廉价劳动力。这个网站的人力资源部分都有相关的介绍，感兴趣的同学可以登陆看一下。

互动环节

问：老师您好，对于联合国等国际组织的国际公务员来说，硕士学历就可以了吗？中国的国际公务员比西方到底欠缺在哪里？为什么人数少？应该如何培养？

答：硕士学历其实在某种程度上来说已经足够了。从我自身来讲，学历肯定很重要，但是在工作中学历并不是最重要的，我有很多本科学历的同事能力都很强，经验很丰富。办公室之间的工作任务差别导致不同岗位的学历需要不一样。在中国，初进单位，学历决定了你的起点位置。但是国际服务员并不是那么要求学历，我的团队里有硕士毕业的，也有跨专业工作的，我的工作经验达到了岗位所要求的业务胜任力，坚持力和社会责任感是内在的东西，我的很多同事在这方面都很优秀。我们做的更多是支持和项目管理，经验在胜任力中很重要，政府工作经验对工作很重要。学历往往只说明一部分，但并不是全部，综合能力能让我们更好。中国的专家水平非常高，改革开放后，引进国外经验，在新的周期里，我们要向世界推送中国的故事和经验。在做中国项目时，我的专业底子会帮助我工作，我个人感觉在儿童中心工作时，我的工作经验对我的帮助最大。一个国家在教育普及时，技术并不是很高，学历所学的内容也并不是全都用得上，要提高创新能力、学习能力，抓住技术的本质，纳入新的技术，这些更起决定作用。很多国外的同事虽然没有专业知识上的优势，但是敢于知识分享、语言表达、团结更多的人，都是很优秀的合作伙伴。儿童权利的实现才能保障儿童的健康茁壮成长，儿童在什么时候能够真的拥有参与权，敢于充满自信地表达，这样在全球化背景下，孩子才能更好地成长，素质才能全面提升。我个人在管理方面参与很多，深有体会，应试教育的一些弊端对我们的影响是深远的，比如希望发言比别人好、更出彩，但这是不适合跨文化交流环境的。建设性的批评能力我们都是缺乏的，国际会议上，建设性的语言更需要被表达，我们都希望自己说的内容有重点、亮点，但不考虑权威，才能跨越成长障碍以便更好地发展。在工作中还是要敢于展现自己，敢于争取，机会都是自己争取的。

问：我们从小的教育让我们一说话会紧张，很难放松地在公众面前说话，所以让现在的孩子们参加模联和义工是不是对孩子的发展有好处？

答：申请国外大学的时候，在个人陈述中写入真实的实践感受是很重要的。在社会实践和义务劳动中的锻炼对以后的发展是有好处的，但是要让孩子真正体会到劳动的收获，而不是为了简历上的经历而被迫进行，这些要真正让孩子学习到关心和责任心。当然了，这样的经历出现在简历上是很重要的，但真实感悟是最大的收获。坦率来说，家长很焦虑，学校的教育也让家长很焦虑，其实我们的教育资源并没有那么紧张，好学校、好学历并不能让学生真的有一个好的工作，就算有了好的工作也不一定能维持下来，或许会因为性格原因难以胜任，所以不要每天拽着孩子去学习、去凑简历，这样孩子会变得功利，不近人情，会丧失原本的天性。一个人要有开放的心态，不断学习是最重要的。加入到一个文化开放的环境，同龄伙伴彼此共同进步很重要，所以千万不要轻视人际关系。恢复力、心理弹性的提升需要依靠游戏、伙伴等载体，这能帮助孩子走出各种灰暗心理，保障孩子正常的生活。我们在学校最重要的不是认知，而是社会感情的学习，不能在同一思维水平里，要提高孩子的思维水平，所以氛围真的很重要，比如上了大学还是为了学分而学习，这种学习是无效的，会使脑细胞的激素水平降低，慢慢会产生厌学情绪。文化氛围十分重要，要凛然、从容、轻松地面对问题，要做正能量的产出者。所以，孩子在成长中应该在提高功课效率的同时不放弃课外活动，并提高担当能力，增加责任心。

问：联合国应该是反对儿童兵的，但是现在许多战争国家却存在儿童兵这个现象，这是不是不应该的?

答：联合国网站上有一期内容，以全球最突出的问题作为主题，大约在两年前，里面发布了战乱国家儿童的状况。关于儿童雇佣兵的问题，联合国本着保护儿童的精神来说是反对的。联合国要跟各国政府去斡旋，还有在巴以战争中提出为妇女儿童停火，这些都是为了更好地保护儿童。我同意你说的这对儿童权利和成长是不利的。《儿童权利公约》签署后，各国都非常明确了这样一个共识：儿童是应该在战争中被保护的。战争会让孩子们形成暴力型的价值观，但是如果以后孩子健康成长了，还是会对和平做出贡献的，但是更多孩子的身心可能会受到影响。现在许多幼儿园的游戏可能会模仿两军对垒的情况，孩子天性会有攻击和对抗，所以这样的游戏不应该作为教育内容。暴力是一个大的框架，包括虐待、剥削、忽视等，目睹暴力也是对儿童的暴力，更何况是让儿童自己去参加战争、生存受到威胁等，这都是对孩子有不利影响的。

问：在中国如何减少对受到艾滋病影响的儿童的歧视?

答：这是一个非常值得深思的问题，他们受到的歧视是多重的，我们对这些人群采取无名化来保护他们，包括濮存昕和彭丽媛等都作为形象大使在宣传。最重要的还是生存，许多孩子连监护人都没有，曾经因不理解、被歧视而被迫进行流动，但是现在有“无人之家”组织，通

过政府来监管，保护那些没有监护人的孩子，并在社区进行知识的宣传。一些从事艾滋病儿童救助工作的非政府组织对艾滋病进行筛查，国务院防治艾滋病工作委员会办公室（国艾办）也会帮助找到他们，对他们进行治疗。

后记

北京语言大学占地500亩，地处北京海淀区五道口黄金地段，是镶嵌在学院路上的一颗明珠，它承载着几十万学子和几千名教工的美好记忆和期望。

1986年春，我第一次踏进北语的校园，榕花满地，桂香扑鼻。1988年，我有幸成为这里的一员，见证了从北京语言学院，到北京语言文化大学，再到北京语言大学的变化，变的是名称，不变的是多元文化的碰撞、中国语言文化的传播和北语人为建设世界一流语言大学而自强不息的奋斗精神。

学语言是为了更好地交流，以便让世界人民增进了解，减少错觉，加强合作，解决人类的公共问题。北语不囿于语言文学，还发展了经济学、法学、工学、历史学、教育学、管理学和艺术学等学科。于是，北语的国际政治专业在2000年有了硕士点，2007年有了本科生，2014年建立了国际关系学院，国际关系学院的师生也为北语的发展添砖加瓦，用高分贝频频发声，其中“大使看世界”高端系列讲座便是北语校园文化百花园中的一朵“小花”。

接下来，我要感谢很多人，没有他们的支持，举办这个高端讲座是不可想象的。

感谢中国联合国协会，它是北语的战略合作伙伴，从 1992 年至今，我们在国内外学术会议、国际公务员能力建设、多边问题研究、学生培养和对外宣传等方面有着非常密切的合作。“大使看世界”是我们共同经营的品牌，其中大部分主讲嘉宾都是联协推荐的。

感谢校领导高瞻远瞩，打造了这一学术品牌和舆论高地。感谢宣传部、教务处、科研处、电教中心等部门的领导从经费支持到课程管理上提供的一切便利。

感谢学部领导华学诚、程娟和张阳老师，感谢马克思主义学院丁文阁院长，感谢国别与区域研究院罗林院长，感谢人文社科学部教务办、学办的老师们以及国际关系学院的同事们为这个讲座的正常运转所给予的支持。

感谢新闻传播学院郭之恩老师，感谢人文社科学部的同学们和国际政治、思想政治教育专业的研究生们，你们的积极参与，保证了讲座能够高质量地完成。这里我还要特别感谢在设计印制海报、接送嘉宾，到录音录像、新闻宣传、文字整理、审阅校订等环节付出了大量心血的同学们。他们是肖隆飞、金志晟、刘武、郝有龙、李畅、曹国良、刘中原、夏若桐、韩伟、赵鲲、张磊、欧高荣、李雅、马秋、朱隽、倪文静、崔梓晴、努尔古丽、陈苗、陈鑫、程方圆、贾茹愿、袁广慕、李佳斌、郝博闻、方立博、程珺谣、穆虹宇、高晓兰、王婷婷、潘登鑫、王昺雯、胡望峰等。

最后，感谢各位主讲嘉宾，他们是系列讲座的主角，登台主讲，传道解惑，修订书稿，无一不凝聚着他们的汗水和希冀，没有他们的慷慨支持，我们就无缘享受这份精神大餐。

有了上面的天时、地利、人和，我们有信心把“大使看世界”高端系列讲座办得越来越好。

贾烈英

2018 年 1 月 24 日于教四楼

图书在版编目（CIP）数据

新时代的全球格局与人类命运：大使看世界/贾烈英主编．—北京：时事出版社，2018．4

ISBN 978-7-5195-0205-8

Ⅰ．①新…　Ⅱ．①贾…　Ⅲ．①国际关系—文集　Ⅳ．①D8－53

中国版本图书馆 CIP 数据核字（2018）第 053035 号

出 版 发 行：时事出版社
地　　　址：北京市海淀区万寿寺甲 2 号
邮　　　编：100081
发 行 热 线：（010）88547590　88547591
读者服务部：（010）88547595
传　　　真：（010）88547592
电 子 邮 箱：shishichubanshe@ sina. com
网　　　址：www. shishishe. com
印　　　刷：北京朝阳印刷厂有限责任公司

开本：787×1092　1/16　印张：14. 5　字数：205 千字
2018 年 4 月第 1 版　2018 年 4 月第 1 次印刷
定价：88. 00 元
（如有印装质量问题，请与本社发行部联系调换）